FACULTÉ DE DROIT DE MONTPELLIER

DROIT ROMAIN

HISTOIRE DE LA PUISSANCE

PATERNELLE

SUR LA PERSONNE DE L'ENFANT

DROIT FRANÇAIS

DÉCHÉANCE DE L'AUTORITÉ

PATERNELLE

D'APRÈS LA LOI DU 24 JUILLET 1889

(Protection des enfants maltraités ou moralement abandonnés)

THÈSE POUR LE DOCTORAT

PRÉSENTÉE ET SOUTENUE

Par Edmond SAUMADE

AVOCAT PRÈS LA COUR D'APPEL

LAURÉAT DE LA FACULTÉ

Concours de Droit romain (1885) — Concours de Droit civil (1887)

634

MONTPELLIER

IMPRIMERIE Gustave FIRMIN et MONTANE

(Ancienne Faculté des Sciences)

1893

THÈSE

POUR LE DOCTORAT

FACULTÉ DE DROIT DE MONTPELLIER

MM. **Vigié,** Doyen, professeur de Droit civil, et chargé du cours d'Enregistrement.

Valabrègue, assesseur, professeur de Droit commercial, et chargé du cours de Droit commercial comparé.

Brémond, professeur de Droit administratif, et chargé du cours de Droit administratif approfondi.

Gide, professeur d'Économie politique, et chargé d'un cours populaire d'Économie politique.

Laurens, professeur de Droit civil, et chargé du cours de Législation notariale.

Pierron, professeur de Droit romain.

Glaize, professeur de Procédure civile, et chargé du cours de Législation financière.

Laborde, professeur de Droit criminel, et chargé du cours de Législation industrielle.

Charmont, professeur de Droit civil, et chargé du cours de Droit civil dans ses rapports avec le notariat.

Chausse, professeur de Droit romain.

Meynial, agrégé, chargé des deux cours d'Histoire du Droit.

Barde, agrégé, chargé des deux cours de Droit constitutionnel.

Souchon, agrégé, chargé du cours de Droit international privé, et du cours de Droit international public.

Giraud, secrétaire.

Membres du Jury :

MM. **Charmont,** professeur, président.

Laurens, professeur.
Chausse, professeur. } Assesseurs.
Barde, agrégé.

DROIT ROMAIN

HISTOIRE DE LA PUISSANCE
PATERNELLE
SUR LA PERSONNE DE L'ENFANT

DROIT FRANÇAIS

DÉCHÉANCE DE L'AUTORITÉ
PATERNELLE
D'APRÈS LA LOI DU 24 JUILLET 1889
(Protection des enfants maltraités ou moralement abandonnés)

THÈSE POUR LE DOCTORAT
PRÉSENTÉE ET SOUTENUE

Par Edmond SAUMADE

AVOCAT PRÈS LA COUR D'APPEL

LAURÉAT DE LA FACULTÉ

Concours de Droit romain (1885) — Concours de Droit civil (1887)

MONTPELLIER
IMPRIMERIE Gustave FIRMIN et MONTANE
(Ancienne Faculté des Sciences)
—
1893

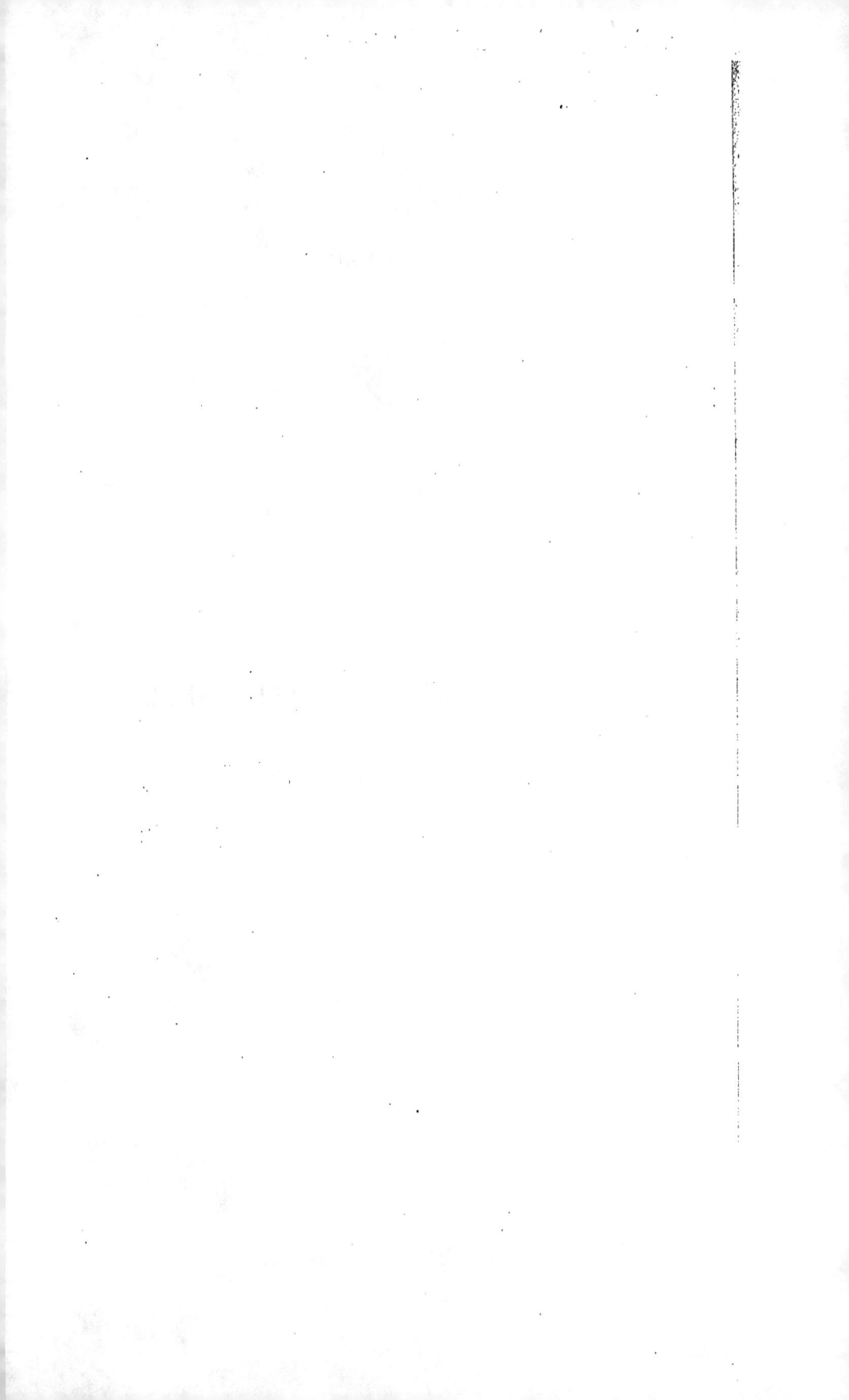

DROIT ROMAIN

HISTOIRE DE L'AUTORITÉ PATERNELLE

SUR LA PERSONNE DE L'ENFANT

INTRODUCTION HISTORIQUE

La puissance paternelle, fondement de la famille, a subi une suite d'évolutions successives, correspondant à des phases diverses de l'histoire de la civilisation (1). Chez un grand nombre de peuples primitifs, la notion du mariage, institution qui consacre l'union permanente d'un seul homme avec une seule femme, est inconnue. Sous ce régime rudimentaire, qu'on a appelé le matriarcat, on n'a point réglementé les rapports entre les deux sexes (2). Au milieu de la promiscuité des unions, la génération n'établit de lien qu'entre la mère et l'enfant. L'enfant porte le nom de sa mère. La parenté par les femmes fixe les généalogies et les droits successoraux. Au système de la parenté par les femmes, a succédé le régime patriarcal. Peut-être même est-ce par ce régime que certains peuples ont commencé ?

A l'inverse de ce qui existait sous le matriarcat, l'autorité paternelle est constituée. La famille se groupe toute entière autour de son chef. Il est souverain maître des personnes placées sous sa puissance : femmes, enfants, esclaves, souverain

---

(1) Bachofen. *Das Mutterrecht.*

(2) Gide. *Etude sur la condition privée de la femme*, pp. 13 à 34. — S. Henri Maine. *Études sur l'ancien droit et la coutume primitive*, ch. VII.

propriétaire des biens de la famille, souverain prêtre des dieux domestiques (1).

Chez les Hébreux, les enfants, les petits-enfants et les serviteurs, tous ceux qui composent la famille, obéissent à un même maître qui les commande comme roi, comme chef militaire. Point de limites à sa puissance. Lorsque le Seigneur ordonnera à Abraham de conduire son fils au sacrifice, il attestera par là-même le caractère absolu du pouvoir paternel.

Le Deutéronome veut que le fils rebelle soit conduit à la porte de la ville pour y être lapidé. Le Lévitique et l'Exode punissent de mort celui qui frappe son père ou sa mère. Moïse apporte quelques restrictions à l'omnipotence paternelle. Le Sanhédrin surveillera les décisions du père de famille, juge de ses enfants. Les moyens de correction ne seront point diminués, mais ils seront rendus publics. Le père est obligé de marier sa fille ; car, chez les Hébreux, la stérilité des femmes est une cause d'ignominie. Peu à peu cette puissance s'affaiblit. Les peines s'adoucissent. On ne condamne plus à mort que l'adolescent qui a volé son père ou dissipé les biens paternels hors de la maison de ses parents. Les juges ont la faculté de commuer la peine de mort en flagellation. Enfin, le rôle du père est réduit à celui d'accusateur public devant un tribunal. La mère partage avec le père la puissance paternelle.

Chez les Hindous, on trouve une organisation aussi profonde de la famille que chez les Hébreux. L'autorité pèse sur les enfants jusqu'à leur émancipation par le père de famille. Les lois de Manou autorisent le père à vendre son enfant, en cas d'extrême misère. On ne croit pas généralement que le père fût armé du droit de vie et de mort. Lui seul peut consentir au mariage de son fils ou de sa fille. Lui seul sacrifie aux dieux. L'idée religieuse relève et grandit l'importance du

---

(1) Gaston May. *Éléments de droit romain*, p. 107.

rôle joué par le chef de famille. Dépositaire des traditions religieuses, il doit les transmettre à ses enfants ; mais elles ne sont transmissibles que de mâle en mâle. S'il pressent ne point laisser après lui d'héritier du sexe masculin, il lui sera loisible, par acte de dernière volonté, d'adopter un enfant d'une autre famille, qui perpétuera un culte qui ne doit pas s'éteindre. M. Dareste (1) dit que l'autorité paternelle s'affaiblit peu à peu. Les Institutes d'Apastambala interdisent au père de donner ses enfants ou de les recevoir en don, comme de les vendre ou de les acheter.

Chez les Grecs, l'autorité paternelle ne fut jamais aussi étendue qu'à Rome. Les auteurs représentent le père de famille comme le prêtre du foyer domestique, obligé de conserver le culte et de perpétuer les traditions. L'autorité paternelle n'existe à Athènes que sur les enfants légitimes. Le père de famille peut exhéréder son fils, en cas de mécontentements graves. Par contre, le fils peut faire enlever au père l'administration de ses biens, s'il est prodigue. Solon abolit le droit de vie et de mort, et le droit de vente. Seule, la fille qui se prostituait pouvait être vendue. Des obligations réciproques existaient entre le père et les enfants. Ceux-ci étaient tenus de l'obligation alimentaire, à moins que le père ne leur eût fait apprendre un métier, que l'enfant fût né d'une courtisane, ou eût été livré par son père à un odieux trafic. Le père de famille élève ses enfants comme il l'entend. L'État n'intervient pas. A dater de sa majorité, fixée à 18 ans, le fils jouit de son patrimoine. A Sparte, les enfants appartiennent à l'État. Pas de puissance paternelle. Tout Spartiate avait le droit d'intervenir pour corriger l'enfant. Dès l'âge de sept ans, l'État se charge de l'éducation et de l'instruction des enfants.

---

(1) Dareste. *Études d'histoire du droit*, 1889.

Les Romains, qui méconnaissaient la nature humaine dans l'esclave, l'ont aussi méconnue dans les relations des père et mère et de leurs enfants.

L'Etat et la famille furent très fortement constitués à Rome et sur des bases toutes factices. L'intérêt de la cité prédomina pendant longtemps et la personnalité des enfants fut absorbée par la puissance du père, qui résumait en lui la capacité juridique de toute la famille.

C'est au droit romain que nous devons cette expression de puissance dont les auteurs de notre Code civil ont surtout évité l'emploi. Elle indique bien le caractère de cette institution exceptionnelle, ainsi que le reconnaît du reste Justinien : *Nulli alii sunt homines qui talem in liberos habeant potestatem qualem nos habeamus* (1), et Gaius déclare qu'elle n'est nulle part ailleurs, sauf peut-être chez les Galates, ce qu'elle est chez les Romains. Aussi les conséquences du principe de cette institution furent-elles rigoureuses et barbares. Nous les examinerons dans notre étude de la puissance paternelle à Rome.

Chez les Germains, c'est un principe nouveau qui se fait jour : celui de la personnalité et de l'individualité humaine. La famille se résume également dans son chef ; il en est le représentant naturel, il a la surveillance de tous les siens, mais ce n'est plus un maître, c'est un protecteur ; il exerce une véritable tutelle. Son pouvoir ne s'appelle plus le *dominium* ; il s'appelle le *mundium*, mainbournie ou droit de garde (2). Il dérive de ce sentiment généreux qui porte le fort à secourir le faible. C'est l'origine de cette idée chevaleresque qui trouvera au moyen âge de si fervents adeptes et qui sera toujours le caractère distinctif de la nation française.

Le *mundium* est à la fois une autorité particulière sur la personne et sur les biens de ceux qui dépendent du père, une

---

(1) *Institutes, de patriâ potestate*, p. 22.
(2) V. Laurent, *Cours de Code civil*, t. VI, section II.

sorte de tutelle qui a pour but la protection des faibles. C'est aussi une responsabilité civile et politique qui donne à l'insti- tution sa véritable physionomie. Guerrier avant tout, le Germain n'estime que la force physique et le courage militaire ; mais il puise en même temps dans ce sentiment de sa puissance, des idées de protection vis-à-vis des êtres faibles qui l'entourent (1). Il protège ses enfants tant qu'ils sont incapables de porter les armes ; mais du jour où ils peuvent eux-mêmes se défen- dre et porter le bouclier et la framée, ils sont affranchis de sa puissance et prennent rang parmi les citoyens. Il protège la femme soumise au *mundium* perpétuel, soit de son père, soit de son époux, soit même de son fils aîné après son veuvage. La femme est respectée au sein de la famille germaine. On la consulte dans les circonstances solennelles. La faiblesse de son sexe est une garantie pour elle. Les Germains, si fiers de leur force, lui reconnaissent une influence quasi-surnaturelle.

Le pouvoir domestique n'en est pas moins souverain et ab- solu. La jeune fille qui se marie passe du *mundium* de son père sous le *mundium* de son mari. Femme, elle n'exercera pas la puissance paternelle du vivant de son mari ; mais à sa mort elle acquiert une partie de cette puissance. Le *mundium* diffère de la *patria potestas* romaine non seulement par le caractère mais par la durée ; il cesse avec la minorité de l'enfant (2).

Ces idées du droit germanique ont exercé une certaine influence dans notre droit coutumier. Mais l'étude de la puissance paternelle y est difficile à faire, à cause de l'absence de tout système et de l'infinie variété de lois personnelles qui changent de coutume à coutume. Aussi les applications que l'on y trouve sont-elles plutôt basées sur l'équité et le droit naturel

---

(1) Laferrière, *Hist. du droit français*, t. III, p. 754.
(2) Lors de la rédaction des coutumes, la majorité fut diversement fixée. La loi salique fixa la majorité à 12 ans, la loi des Ripuaires et des Burgondes à 14.

2

que sur une législation fixe et déterminée. Bacquet et Dumou-
lin formulent ce principe que développe Loysel : droit de
puissance paternelle n'a lieu. Certaines coutumes, a dit Berlier,
lors de la discussion du Code, celle de Senlis notamment,
spécifient que les père et mère n'ont pas la puissance paternelle sur leurs enfants. D'autres, comme la coutume de Paris,
après avoir remplacé la puissance paternelle du droit romain
par le *mundium* des Germains, avaient fini par passer sous
silence jusqu'au nom de la puissance paternelle, et s'il faut en
croire les arrêts de Mornac, ne la reconnaissaient plus.

Il ne faudrait pas croire, malgré l'adage précité, que les père
et mère fussent dépourvus de toute autorité sur leurs enfants.
Cette puissance ne présentait plus le même caractère rigoureux
et absolu qu'elle avait dans le droit romain et qu'elle a conservé dans les pays de droit écrit. Pothier nous dit (1) qu'en
pays de coutume, l'autorité paternelle consiste en deux choses :
1° dans le droit que les père et mère ont de gouverner avec
autorité la personne et les biens de leurs enfants jusqu'à ce
qu'ils soient en âge de se gouverner eux-mêmes et leurs biens ;
2° dans celui qu'ils ont d'exiger de leurs enfants certains devoirs de respect et de reconnaissance. En un mot, comme l'écrit
Bourjon (2), c'est un pouvoir de direction tempéré par la piété
paternelle.

Aussi la loi a-t-elle prohibé la vente des enfants? La responsabilité du père a remplacé l'abandon noxal du droit romain. Si l'enfant a commis quelque dommage, le père est obligé
de payer l'amende et les réparations civiles. C'est le principe
qui sera plus tard consacré par notre Code civil. Dans certaines coutumes néanmoins, la responsabilité personnelle du
père n'est engagée que s'il jouit de biens appartenant à son
fils. Le droit de correction est contenu dans de justes limites

---

(1) *Traité des personnes*, 130.
(2) *Droit commun de la France*, livre Ier, titre V, chapitre Ier.

par les Parlements. Aux termes d'un arrêt du Parlement de Paris, l'enfant ne peut être détenu que par ordre de son père jusqu'à l'âge de vingt-cinq ans, et si le père n'est pas remarié. S'il est remarié, l'autorisation du lieutenant civil et l'avis des proches parents sont nécessaires.

Cette autorisation est toujours obligatoire pour la mère tutrice qui veut faire détenir son enfant. La mère intervient dans l'éducation de ses enfants ; elle a le droit de s'opposer à ce que le père donne à ceux-ci une éducation contraire aux bonnes mœurs. Les parents doivent donner à leurs enfants une éducation qui soit en rapport avec leur fortune et leur situation sociale. Cette obligation existe même pour les enfants naturels. Un de nos anciens auteurs (1) signale un arrêt du Parlement de Paris du 18 juin 1607, qui oblige un riche bourgeois du Mans à donner à ses deux enfants naturels une profession plus élevée que celle de boucher, de serger ou de boulanger qu'il voulait leur faire apprendre.

L'enfant, pour se marier, doit obtenir le consentement de ses père et mère. Même après la majorité, il doit requérir leur conseil par la voie des actes respectueux. (Édit de février 1556 et de novembre 1697).

Le père administre la personne et les biens de son enfant. Il intente les actions personnelles qui compéteraient au fils ; mais il ne possède pas partout l'usufruit légal, sur les biens qui appartiennent à l'enfant. On trouve cependant dans certains coutumiers, sous le nom de légitime administration, une sorte d'usufruit paternel. Cet usufruit n'est saisissable par les créanciers du père qu'au delà des limites des besoins alimentaires de l'enfant. Dans beaucoup de coutumiers, et principalement dans celui de Paris, cet usufruit légal est le corollaire du droit de garde noble ou de garde bourgeoise. La garde est une institution toute féodale (2). La garde bourgeoise ne constitue pas le père usufruitier des biens personnels de son enfant. C'est un simple tuteur légitime ; il est tenu de rendre compte. La garde noble, au contraire, donne au gardien un véritable usufruit. Elle appartient au survivant des père et mère, et, à défaut, à l'aïeul ou à l'aïeule, et même, suivant certaines coutumes, aux collatéraux. Les droits du gardien

(1) Chardon. *Traité des trois puissances.*
(2) Pothier. *Introd. au Titre des fiefs*, ch. X, n. 315.

varient suivant les coutumes. Partout, il jouit des immeubles. A l'égard des meubles, il en acquiert tantôt la pleine pro- priété, tantôt la jouissance seule, tantôt l'administration sim- ple. On croit généralement que la garde noble ne s'appliquait qu'aux seuls biens du père ou de la mère défunts, sans attein- dre les autres biens du mineur.

Le gardien est tenu à peu près des mêmes obligations qui incombent aujourd'hui au père usufruitier légal, d'après l'ar- ticle 385, qui est une reproduction de la coutume de Paris. La garde noble cesse à un âge qui change de coutume à cou- tume : vingt ans pour les garçons, quinze pour les filles, dans la coutume de Paris. La garde bourgeoise cesse à quatorze ans pour les garçons, à douze ans pour les filles. La mort na- turelle ou civile du gardien, le mariage de l'enfant, avec l'au- torisation du gardien, l'émancipation expresse, mettent fin à la garde noble. L'abus de jouissance du gardien, des malver- sations commises sur les biens de l'enfant, le défaut d'entre- tien, sont également des causes d'extinction du droit de garde.

L'autorité paternelle disparaît avec la majorité, fixée à 25 ans, avec l'émancipation expresse ou tacite qui résulte du mariage ou de l'accès à certaines fonctions, et avec la mort civile.

Toute autre est la conception admise en pays de droit écrit. L'influence de la domination romaine agissant pendant qua- tre siècles dans les Gaules, y a développé le droit romain, plus ou moins modifié par les coutumes locales. Au père seul appartient l'autorité paternelle. La mère n'intervient que pour donner son consentement au mariage des enfants. Le droit de vie et de mort a disparu. On en trouve cependant quelques vestiges dans la coutume de Bordeaux. La coutume déclare que le père qui a donné la mort à son fils sera absous, s'il jure simplement avoir agi dans un accès de violence et de pré- méditation.

L'enfant est devenu une personnalité. Il peut, dans la vie publique, exercer certaines fonctions, certaines magistratures, être tuteur, occuper, s'il est majeur, un domicile distinct de celui de son père. Sa capacité est assez étendue : recevoir un capital et en donner décharge, passer toutes sortes de con- trats, tant en son nom personnel que pour celui de son père, faire une donation à cause de mort de biens qui lui appar- tiennent en propre. Il administre les biens dont le père a l'usufruit. On admet généralement qu'il ne peut disposer par testament, que de son pécule castrense ou quasi-castrense. La mort civile, l'élévation à certaines dignités, à l'épiscopat, au poste de gouverneur de province, de lieutenant général, etc., et l'émancipation, mettent fin à l'autorité paternelle.

L'émancipation se fait devant le tribunal. L'enfant est à genoux. Le père, le prenant par la main, le proclame dégagé de sa puissance. Le tribunal donne acte. C'est l'émancipation expresse. L'émancipation tacite se produit quand le fils a occupé pendant 10 ans un domicile séparé de celui de son père, et avec l'autorisation de celui-ci. Dans certaines provinces de droit écrit, à Toulouse, à Montpellier notamment, le mariage entraîne de plein droit l'émancipation. Dans les pays où le mariage n'émancipe pas, le père a l'autorité paternelle sur ses petits-enfants. Le père est obligé d'émanciper ses enfants lorsqu'il a reçu un legs frappé de cette condition, lorsqu'il les maltraite ou les abandonne, lorsqu'il leur refuse des aliments ou les excite à la débauche. La liberté testamentaire du père de famille est presque absolue. On suit la législation de Justinien, en ce qui concerne l'exhérédation. La légitime des enfants est très restreinte. Toute fille dotée, quelle que soit la dot, perd tout droit à la succession de son père.

La Révolution établit l'autorité paternelle sur des bases démocratiques. Toutes les lois votées par les assemblées qui se sont succédé depuis le 5 mai 1789 jusqu'au Consulat (novembre 1799) eurent pour but de diminuer le pouvoir des parents. La création du tribunal de famille par la loi du 24 août 1790, lui porta une grave atteinte en donnant aux plus proches parents mission de surveiller le père et de contrôler sa conduite à l'égard de ses enfants. Le décret du 30 mai 1792, rendu sur la proposition de Cambon, abolit la puissance paternelle sur les majeurs, et celui du 20 septembre 1792 fixa la majorité à 21 ans. A la Convention, on proclamait « que la voix impérieuse de la raison s'était fait entendre, et qu'il n'y avait plus de puissance paternelle. »

Cette exaltation de la liberté des enfants au détriment des droits du père, ce principe d'indépendance, dont Montesquieu a dit « qu'il avait sa source dans les forêts de la Germanie », ont trouvé un écho dans l'esprit des rédacteurs du Code. Sans

méconnaître la légitimité de cette magistrature domestique,
« la plus sacrée de toutes les magistratures, indépendante
de toutes les conventions et qui les a toutes précédées »,
ils ont voulu battre en brèche l'organisation hiérarchi-
que de la famille et affaiblir l'autorité des père et mère
dans une limite commandée par la nature et la raison.
Elle est toute de défense et de protection, cette autorité que
la loi naturelle nous oblige à reconnaître avant la loi civile :
l'enfant naît faible, assiégé par des besoins et des maladies ; la
nature lui donne ses père et mère pour le défendre et le protéger.
Quand arrive l'époque de la puberté, les passions s'éveillent
en même temps que l'intelligence et l'imagination se déve-
loppent. C'est alors que l'enfant a besoin d'un conseil, d'un
ami qui défende sa raison naissante des séductions de tout genre
qui l'environnent. Et le conseiller d'Etat Réal continue dans
son exposé des motifs en définissant cette puissance : un
droit fondé sur la nature et confirmé par la loi qui donne au
père et à la mère, pendant un temps limité et sous certaines
conditions, la surveillance de la personne, l'administration et
la jouissance des biens de leurs enfants. On remarquera que
les rédacteurs du Code, logiques avec leur principe, associent
la mère au gouvernement de la famille. « C'était réparer l'in-
justice de plusieurs siècles et rétablir la mère dans les droits
imprescriptibles qu'elle tenait de la nature, droits sacrés trop
méprisés par le législateur antique. »

Cette idée de fonder la puissance des père et mère sur le
droit naturel a été l'objet de la constante préoccupation des
rédacteurs du Code civil, et l'intéressante histoire des débats
qui s'élevèrent au Conseil d'Etat atteste cette tendance.

Séduit par l'autoritarisme de la théorie romaine, le premier
Consul aurait bien voulu une organisation plus systématique
de la famille, et par deux fois il prit la parole pour demander
qu'on fît de l'autorité paternelle une puissance forte, qui « prît

l'enfant à sa naissance et le suivît, toujours présente et atten-
tive, jusqu'à la mort. »

« C'est surtout dans un Etat libre, disait-il, qu'il faut donner
un grand ressort à l'autorité paternelle, parce que c'est d'elle que
dépendent principalement la conservation des mœurs et le maintien de la tranquillité publique. La puissance paternelle est la providence des familles, comme le gouvernement est la providence de
la société. Et quel ressort, quelle tension ne faudrait-il pas dans
un gouvernement qui serait obligé de surveiller tout par lui-
même et qui ne pourrait se reposer sur l'autorité des pères de
famille pour suppléer les lois, corriger les mœurs, préparer
l'obéissance ! » Malleville opinait dans le sens de Bonaparte.
Mais Berlier protesta, et, faisant un résumé de la discussion,
il déclara que rien ne ressemblait et ne devait moins ressem-
bler à l'ancienne *patria potestas* que l'autorité des père et mère
qu'il s'agissait de régler ; que cette autorité, à peu de choses
près, restreinte à la minorité, devient susceptible d'être, à
défaut de père, confiée à la mère, qui n'y participait pas autrefois. Et voici sa conclusion : « Il faut de nouveaux mots pour
exprimer des idées nouvelles. Le projet de loi devrait avoir
pour titre : *de l'autorité des père et mère* (1) ». Et le tribun
Albisson corroborait cette conclusion en faisant remarquer que
l'autorité des père et mère sur leurs enfants n'ayant d'autre
but, ni d'autre cause, que l'intérêt de ceux-ci, n'est pas à proprement parler un droit, mais seulement un moyen de remplir,
dans toute son étendue, un devoir inviolable et sacré.

A la suite de ces critiques, le projet fut renvoyé à la section
de législation. Dans la rédaction définitive, l'intitulé primitif
fut maintenu ; mais les articles du Titre IX ne parlent plus de
puissance. On peut donc affirmer, avec M. Laurent, que le
titre intitulé : *De la puissance paternelle*, abolit réellement
cette puissance.

(1) Conseil d'Etat, 26 frimaire an X.

Cette expression est susceptible, dans notre Code, d'une double acception. *Lato sensu*, elle comprend l'ensemble des droits et des devoirs qui lient entre eux tous les ascendants et descendants. *Stricto sensu*, elle s'applique à l'autorité des père et mère sur la personne et sur les biens de leurs enfants mineurs et non émancipés.

Les dispositions légales, à ce dernier point de vue, sont contenues dans le titre IX. Il faut chercher çà et là, éparses sous divers titres du Code, les règles générales et particulières qui dérivent des relations de famille. Il ne s'agit plus, en ce cas, de puissance paternelle proprement dite, mais de devoirs et de droits que la raison, la morale et l'intérêt social ont fait établir ; aussi M. Demolombe, caractérisant le principe et les bases de l'institution, s'écrie avec raison : « La puissance paternelle a été établie dans l'intérêt de tous ; dans l'intérêt des enfants, ce fut le principal souci des rédacteurs du Code ; dans l'intérêt des père et mère, pour leur permettre d'exercer efficacement leurs devoirs; dans l'intérêt de l'État, car le bon ordre des familles est la première condition et la plus sûre garantie du bon ordre de la société ; car la puissance paternelle est le meilleur auxiliaire de la puissance publique ; et lorsqu'elle remplit bien sa mission, lorsqu'elle sait inspirer aux enfants des sentiments de religion et de morale, les former à des habitudes de discipline et de travail, soyez sûrs qu'elle prépare de bons citoyens pour la patrie » (1).

Malgré ses puissantes assises de droit naturel, la puissance paternelle, telle qu'elle est organisée en France, a fait l'objet de vives récriminations.

L'École catholique a trouvé que le Code n'avait point assez proclamé les droits du père, que son pouvoir n'avait pas assez d'étendue, que l'usufruit légal était de trop courte

(1) Demolombe, tome VI, p. 209.

durée. L'Ecole libérale, au contraire, estimant que le principe d'autorité n'est plus en harmonie avec notre société démocratique, reprochait au législateur de ne point avoir consacré les conséquences des principes de la Révolution. On objectait que les droits de l'enfant étaient sacrifiés et à la merci des pères ; on voulait développer l'esprit d'individualisme et en même temps donner à l'Etat une action plus directe dans l'exercice des droits de famille. Je ne crois pas ces reproches fondés. Et ce sera toujours l'honneur des législateurs de 1804 d'avoir établi sur de véritables bases la puissance paternelle et de lui avoir restitué son caractère naturel, son caractère de bienfaisante protection, en évitant le double écueil d'une excessive sévérité et d'une grande faiblesse (1).

Leur œuvre n'était cependant pas parfaite. Nous examinerons dans cette étude les critiques que l'on formule contre elle. Il est juste de reconnaître qu'ils avaient posé d'excellents principes. L'historique de la rédaction du projet, l'exposé des motifs de Réal et le rapport de Vezin, auxquels nous avons donné dans cette introduction une place assez large montrent bien qu'ils avaient voulu faire une œuvre de modération éminemment pratique, établir une organisation sage et pondérée de la famille à la fois éloignée de l'absolutisme, du droit romain et de l'individualisme exagéré de l'époque révolutionnaire.

Ces idées si justes et si libérales ont porté leurs fruits. Quoique fondée sur la nature, l'autorité paternelle n'en est pas moins une institution de droit positif, et comme toute institution de ce genre, elle doit porter l'empreinte de la nationalité et du génie individuel de chaque peuple. Elle doit se

---

(1) Demolombe, tome VI, § 264.

ressentir des progrès de chaque époque et de l'expérience de tous les âges.

L'expérience a fait toucher du doigt les abus auxquels pouvait donner lieu un exercice trop rigoureux de la puissance paternelle, avec les droits reconnus aux parents par le Code civil. Des lois nouvelles sont venues limiter et restreindre ces droits. Les lois de 1845 et de 1874 sur le travail des enfants dans les manufactures, la loi du 28 mars 1882 sur l'instruction primaire obligatoire, la loi du 24 juillet 1889 sur la protection des enfants maltraités ou moralement abandonnés, qui fera l'unique l objet de cette étude, procèdent du même esprit : protéger l'enfant contre les abus d'autorité, le mettre à l'abri des mauvais traitements et de l'abandon moral dont il serait l'objet de la part de ses parents.

Avons-nous obtenu une législation parfaite, conforme à nos mœurs, à nos idées, au droit naturel dont la conception se développe de plus en plus chez un peuple civilisé? Les nations étrangères ne nous ont-elles pas devancés dans la réalisation de sages réformes, et l'étude de la législation comparée n'offre-t-elle pas une source d'utiles emprunts? Tel sera l'objet de la dernière partie de notre thèse.

CARACTÈRE GÉNÉRAL DE LA FAMILLE ROMAINE

L'antique famille romaine se présente aux yeux du juris-consulte sous les traits d'une monarchie absolue et de droit divin. Examinée dans le droit abstrait, son organisation ré-pugne à nos mœurs actuelles. Une rudesse égoïste et sau-vage semble devoir régner dans les rapports de famille. Le droit de famille est âpre, dur, exorbitant. Il s'oppose à ce que nous appellerions aujourd'hui la vie de famille.

« Les institutions et les règles qui ont été compréhensi-bles à Rome avec les relations et les usages d'alors sont de-venues une véritable malédiction par la disparition complète des circonstances qui les ont rendues nécessaires (1). Ces règles ne sont pas cependant l'œuvre du législateur. Elles se sont imposées à lui.

» Elles sont sorties spontanément et toutes formées des antiques principes qui constituaient la famille.

» Elles ont découlé des croyances religieuses universelle-ment admises dans l'âge primitif, qui exerçaient l'empire sur l'intelligence et la volonté ». (2)

Le siège de la puissance est dans la maison domestique. La maison est un asile sacré, inviolable et fermé. *Quid est sanctius ? quid omni religioni munitius quam domus unuscu-*

---

(1) Ihering, *La lutte pour le droit,* année 1890, p. 97.
(2) Fustel de Coulanges, *Cité antique,* p. 93.

*jusque civium ? Hic aræ sunt, hic foci, hic dii penates, hic sacra,
hic religiones, ceremoniæ continentur* (1).

La maison est un temple. Les dieux l'habitent. Le père est
un pontife. Il préside aux cérémonies religieuses. Il entre-
tient le feu sacré. Par lui se perpétuent le culte de la divinité
et le culte des ancêtres. L'accès de sa demeure est interdit
aux profanes ; nul ne peut être arraché à son foyer.

L'autorité paternelle ayant un fondement religieux sera
absolue dans la maison. Le père sera roi et juge. Dans tous
les actes de la vie religieuse et civile, il représentera la famille, absorbera en lui la personnalité juridique de tous ceux
qui lui sont soumis. Par lui seront intentées les actions judiciaires.

Toute injure adressée à l'un des siens rejaillira sur sa personne, et c'est lui qui en obtiendra réparation. Il jugera tous
les membres de sa famille et exécutera même ses propres décisions. Tous les moyens de coercition seront entre ses
mains : droit de vie ou de mort, droit de vente, droit d'abandon noxal.

La famille se composera de la femme, si elle est *in manu*,
des enfants, des esclaves. Le père ne sera pas fatalement le
genitor, car l'expression de *paterfamilias* n'éveille que l'idée
d'une puissance maîtresse d'elle-même et ne relevant d'aucune autre. Les enfants, les petits-enfants seront, toute leur
vie durant, soumis au pouvoir du plus âgé, de celui qui
approche le plus de l'autel et qui garde le dépôt sacré des
traditions religieuses.

La majorité inconnue des Romains, les fonctions publiques
ne les en délivreront jamais. Préteur, tribun, consul, le fils de
famille, capable dans les actes de la vie publique, obéit tou-

---

(1) Cicéron, *Pro domo*, c. 4.

jours au maître du foyer. Il adore les mêmes dieux, participe au même culte et n'échappe point à la juridiction paternelle. Nulle sa capacité juridique. Tout ce qu'il acquiert est acquis à son père et il sera nécessaire d'une longue évolution pour lui permettre d'acquérir pour son propre compte. La *patria polestas* est perpétuelle, et ce n'est en général que par un acte volontaire du *pater*, par l'émancipation, que l'*alieni juris* deviendra *sui juris* et *pater* lui-même.

De même que le père a la faculté d'admettre auprès du foyer, par des adoptions, des personnes étrangères, de même il a le droit d'en expulser ceux qui sont nés sous le même toit et qui font partie de la famille par le sang.

La femme a un rôle effacé dans la famille romaine. Fille, elle partage le sort du fils. Sur elle le *paterfamilias* a les mêmes droits que sur le fils ; il peut même lui choisir un mari sans la consulter et dissoudre son mariage au gré de sa volonté. Le père mort, elle est sous la tutelle de ses frères, de ses agnats. Épouse elle sera souvent soumise à la *manus* de son mari

Elle est considérée comme la sœur de ses propres enfants. On lui accordera bien le titre vénéré de *materfamilias*, mais elle n'aura jamais un foyer et un culte qui lui soient propres. Elle assiste aux actes religieux, mais elle n'est pas chargée de maintenir et de transmettre le culte des aïeux. Le mari exerce sur elle le droit de justice. Le mari, dit Caton l'ancien, est juge de sa femme : son pouvoir n'a pas de limites ; il peut ce qu'il veut. Si elle a commis quelque faute, il la punit ; si elle a bu du vin, il la condamne ; si elle a eu commerce avec un autre homme, il la tue (1)

_____

(1) Caton dans Aulu-Gelle, x, 23.

Veuve, elle sera sous la tutelle des agnats de son mari, c'est-à-dire de ses propres enfants s'il y en a ; à défaut de fils, de ses plus proches parents. Son mari a pu valablement lui désigner un tuteur.

Une troisième catégorie de personnes confondues avec les choses subit la puissance du *paterfamilias* : ce sont les esclaves. La puissance du *paterfamilias* sur les esclaves prend le nom de *dominium*, qui implique un droit de propriété. Enfin l'homme libre *in mancipio* occupe dans la famille une situation intermédiaire entre celle du fils et de l'esclave que peut seule expliquer l'organisation factice de la société romaine.

La *patria potestas* est donc la base de la famille. Sur elle repose la parenté civile : l'agnation, et c'est l'agnation qui règle la dévolution des biens. La femme qui rentre, par le mariage, dans une nouvelle famille, devient étrangère à la famille qu'elle quitte. Les enfants émancipés par le *pater* ne comptent plus dans leur ancienne famille.

« Cette puissance étendue du chef de famille n'a, du reste, rien de spécifiquement romain, quoi qu'en disent Gaius et Justinien (1). Ce qu'il y a de romain en elle, c'est qu'elle s'est maintenue à Rome plus longtemps qu'ailleurs, dans sa forme et sa vigueur ordinaires. Elle est plutôt l'émanation des idées patriarcales remontant à la plus haute antiquité. On la rencontre encore dans d'autres législations, particulièrement dans le droit germanique ancien, où elle a, avec la puissance domestique romaine, une si incontestable identité, que l'on doit y voir un reste de la communauté juridique, originaire des peuples indo-germaniques » (2).

Elle est cependant romaine en ce sens qu'elle appartient au *jus civile*. Pour être *paterfamilias*, il faut être citoyen

---

(1) Gaius, C, i, 5. Inst. I, 9.
(2) Ihering, *Esprit du droit romain*. l. 2, première partie t. ii, p. 158.

romain. L'esclave n'a pas la *patria potestas* sur ses enfants. L'étranger même, qui a obtenu pour lui et ses enfants le titre de citoyen, a besoin, en vertu d'un édit d'Adrien (1), d'une concession spéciale de l'empereur pour l'obtenir. Enfin, la femme ne saurait en être jamais titulaire, car elle est *caput ac finis familiæ* » (2).

Telle est, rapidement esquissée dans son ensemble, la physionomie de l'antique famille romaine. La physionomie en est rude, étroite, dépourvue d'attraits. Mais si l'on sort du cadre restreint de l'abstraction juridique, si l'on se pénètre de cette idée que la religion et les mœurs ont tempéré ce que le droit pur avait d'exclusif et de rigoureux, la puissance paternelle se présente, aux yeux de l'historien, non pas sous les traits d'une tyrannie injuste et sans contrôle, mais comme le sanctuaire de l'amour. C'est, pour se servir d'une belle expression de Ihering : « une oasis pleine de fraîcheur dans le désert aride du droit » (3).

La famille romaine est gouvernée autant par le *fas* que par le *jus*.

C'est une association sanctionnée par la religion, cimentée, non pas simplement par la force, mais par l'affection conjugale, la tendresse paternelle, le respect filial (4).

Là règnent l'affection et la paix. Le père de famille en est le ministre. L'autorité morale que lui donne son caractère vénéré, le dispensera bien souvent de recourir aux voies et moyens que la loi met en son pouvoir. Ce n'est pas dans son intérêt exclusif, comme on le dit en étudiant le droit abstrait, que la religion lui a reconnu autant de puissance. Si cette puissance est un droit, elle est aussi un devoir. A elle s'at-

---

(1) Gaius, c, 1. 55,93.
(2) Ulpien, l. 195, D. p. 5, liv. 50, tit. 16.
(3) Ihering, ouvrage cité.
(4) Muirhead, *Droit privé de Rome*, p. 39 et note 20.

tache une idée de tutelle et de protection sur toute la famille.
Il doit réparer les injustices dont chaque membre est victime.
Quoique l'Etat n'ait pas ou n'ait que très peu d'action dans la
direction de la famille, le père n'en est pas moins responsable, devant la cité, de la bonne éducation et de l'instruction des siens. Il doit leur enseigner les règles de la discipline et de l'ordre. Et l'histoire des vieilles traditions de
Rome montre bien qu'il n'y a point failli. Natures énergiques et rudes, durs envers leurs ennemis, exclusifs dans leurs
relations civiles, sévères et intransigeants dans leur vie
publique, les Romains ne furent point inaccessibles à la douceur et à la tendresse des sentiments. Ils connurent et pra-
tiquèrent la vie de famille. « La plupart des vertus antiques
de Rome : l'économie, la simplicité, la chasteté, l'amour de
l'ordre, la fidélité, ont précisément le rapport le plus intime
avec la vie domestique de la famille ; elles trouvent dans
cette dernière leur cause morale, leur point de départ et leur
milieu vivifiant » (1).

Ce serait une erreur de croire que la femme dont la personnalité est absorbée par celle du mari, qui n'a point de place
dans la vie publique, qui est la sœur de ses enfants, n'ait pas
exercé souvent dans la vie de famille une influence dont les
affaires publiques se soient ressenties. Lorsque Coriolan
s'exilait pour ne pas subir l'affront de comparaître devant
l'assemblée du peuple, et qu'il se disposait à marcher sur
Rome à la tête d'une troupe de Volsques, n'est-ce pas sa mère
Véturie qui allait le trouver dans son camp, et par ses prières
le décidait à se retirer ? N'est-ce pas l'offense faite à la vertu
de Lucrèce qui entraîna la chute de la dynastie des Tarquins ?
Tout cela est de la légende peut-être ; mais cette légende
montre bien quel empire et quel respect les Romains attri-

---

(1) Ihering, ouvrage cité, t. ʀ, p. 198.

buaient à la personne de la femme. Et bien plus tard, à une
époque très éloignée de l'âge héroïque, s'il faut en croire
Sénèque, Cinna le conspirateur ne dut-il pas son pardon aux
supplications de Livie ? (1)

Entourée de l'estime et du respect le plus élevé, la femme
fut toujours honorée chez les premiers Romains. Elle partageait avec son mari le soin de l'éducation et de la direction
de ses enfants. Il faut lire cette magnifique page dans laquelle
M. Gide, dans son étude de la condition privée de la femme,
dépeint d'une plume magistrale le rôle de la femme au sein de
la famille romaine. « La femme n'est plus l'esclave impuissante
et opprimée, c'est la matrone, la mère de famille, vénérée des
enfants, des esclaves, des clients, respectée de son mari,
chérie de tous, maîtresse dans la maison et au dehors, étendant
son influence jusqu'au sein des assemblées populaires et des
conseils du Sénat. Les Romains n'avaient pas relégué la femme
dans la solitude et le silence du gynécée. Ils l'admettaient dans
leurs théâtres, à leurs fêtes, à leurs repas ; partout une place
d'honneur lui était réservée. Chacun lui cédait le pas. Le
consul et les licteurs se rangeaient à son passage. Au reste,
on la rencontrait rarement sur la place publique ou dans les
réunions populaires. Aussi sédentaire par vertu que la femme
grecque l'était par contrainte, sa place était près du foyer
domestique, dans l'atrium. L'atrium n'était point, comme le
gynécée, un appartement reculé à un étage supérieur de la
maison, une retraite cachée et inaccessible. C'était le centre
même de l'habitation romaine, la salle commune où on réunis-
sait la famille, où étaient reçus les amis et les étrangers. C'est
là, près du foyer, que s'élevait l'autel des dieux lares et autour
de ce sanctuaire était réuni tout ce que la famille avait de pré-
cieux et de sacré : le lit nuptial, les images des ancêtres, les

---

(1) Sénèque, *de Clem.*, 1, 9.

toiles et les fuseaux de la mère de famille ; le coffre où étaient
serrés les registres domestiques et l'argent de la maison. C'est
sous la garde de la femme qu'étaient placés tous ces trésors. Elle
offrait, comme le chef de famille lui-même, les sacrifices aux
dieux lares ; elle présidait aux travaux intérieurs des esclaves,
elle dirigeait l'éducation des enfants qui, jusque dans l'adolescence, restaient soumis longtemps encore à sa surveillance et
à son autorité. Enfin elle partageait avec le mari l'administration du patrimoine et du gouvernement de la maison. (1) »

Il en fut ainsi des mœurs de la famille jusqu'au jour où le
divorce eut introduit la dissolution des mœurs dans la société
romaine. Ces traditions de vertu et de respect subsistèrent
jusqu'à cette époque où, suivant l'expression de Sénèque,
les femmes comptèrent leurs années, non plus par le nombre
des consuls, mais par celui de leurs maris (2), et où Juvénal
s'emportait d'une indignation satirique contre celles qui, en
cinq années, se donnaient et se retiraient à huit maris suc-
cessifs (3).

Rome comptait huit siècles d'existence. Elle s'était agran-
die par de nombreuses conquêtes. Ses ennemis n'existaient
plus et elle n'avait plus aucun souci de son indépendance.

Avec les richesses, le luxe s'était introduit, et avec le
luxe la corruption. Dans la famille dégénérée, les pères de
famille oublièrent leurs devoirs. L'histoire nous fait voir un
spectacle dégradant pour un peuple qui avait jeté tant d'éclat
dans le monde, comme le peuple romain. Les enfants sont
abandonnés, les nouveau-nés exposés et livrés à une mort
certaine. Les pères de famille deviennent cruels et barbares.
Le mariage, que Modestin définira plus tard : *consortium om-
nis vitœ divini atque humani juris communicatio*, n'est plus

---

(1) Gide, p. 108 à 111.
(2) Sénèque, *de benef.*, iii, 16, not. 2.
(3) Juvénal, *sat.* 11, v. 229.

qu'une union passagère livrée à la plus infâme débauche. En vain le législateur essaiera-t-il de réagir contre la dissolution de la famille. En vain le christianisme, par ses doctrines nouvelles, apportera-t-il une réforme complète de la société. Les barbares pourront envahir l'empire romain. Rome est prête pour la servitude.

CHAPITRE PREMIER

NATURE DE L'AUTORITÉ PATERNELLE

Avant d'entrer dans l'historique détaillé des droits du *paterfamilias* sur la personne de ses enfants, il convient de se demander quel est le caractère exact de la puissance paternelle : se résout-elle en un droit analogue à celui de propriété ? n'est-elle que l'exercice d'une magistrature domestique par délégation des pouvoirs publics ?

La question est délicate à résoudre. Les variations successives qu'a subies le droit romain, les solutions parfois contradictoires données par les textes, n'ont pas peu contribué à donner naissance à deux systèmes opposés : l'un considérant la *patria potestas* comme un véritable droit de propriété, l'autre faisant du père un magistrat domestique exerçant ses pouvoirs par délégation de l'autorité publique.

La puissance paternelle serait, dit-on, dans le premier système, un véritable droit de propriété. C'est ainsi que l'ont envisagée tous les peuples qui ont vécu sous un régime patriarcal. A l'origine, le père de famille est l'auteur, le procréateur des enfants. Ceux-ci ne sont qu'une extension de sa personnalité. Ils n'ont pas d'individualité propre. Tant

qu'il vit, il est leur maître absolu, leur commande comme à
ses esclaves, ayant sur eux le même *dominium*. Ils comptent
dans son patrimoine, comme les divers objets qui composent
sa fortune mobilière, comme les esclaves à qui la loi ne reconnaît aucune espèce de droit, et qui méritent seulement, en
vertu de leur valeur vénale, une place à part, parmi les choses.
Ce *dominium* est reconnu par les jurisconsultes, par Gaius
notamment, qui déclare que la mère sera toujours exclue de
la puissance paternelle : *Etenim pater solus in domo dominium
habet.*

La loi des Douze-Tables, consacrant une vieille coutume,
confondra dans une même expression, le droit du propriétaire
sur sa chose et le droit du père sur ses enfants. *Uti legassit
paterfamilias, super pecunia, tutelave suæ res, ita jus esto* (1).

Comparant la situation du fils et celle de l'esclave, Denys
d'Halicarnasse semble établir entre eux une assimiliation
complète. Voici, en effet, en quels termes l'auteur grec résume
les pouvoirs du père :

« Ο δε των Ρωμαιων νομοθετης απασαν, ως ειπειν, εδωχεν
εξουσιαν πατρι καθ'υιου και παρα παντα τον του βιου χρονον, εαν
τε ειρχειν, εαν τε μαστιγουν, εαν τε δεσμιον επι των κατ'αγρον
εργων κατ'εχειν, εαν τε αποκτιννυναι προαιρηται. »

On serait tenté, en lisant ces lignes, de conclure à l'identité
absolue de situation entre le fils et l'esclave (2).

Denys d'Halicarnasse considère comme le privilège le
plus exorbitant entre les mains du père, celui de manciper
son fils (3). Tandis que, d'après les Douze-Tables, l'esclave
vendu sur le marché recouvre la liberté dès qu'il est sorti
du patrimoine de son maître ; le fils retombe jusqu'à trois fois

---

(1) Table V, § 3. Ulpien, fragm. 11-14.
(2) *Archéolog*, II, 26.
(3) Maynz, III, p. 87, note 27.

sous la puissance de son père. Trois ventes successives seront nécessaires pour épuiser le droit de propriété du père.

Cujas et Pothier, qui ont soutenu l'assimilation complète entre les droits du maître et les droits du père, invoquaient d'autres textes empruntés aux compilations de Justinien. On voit dans la loi 1, p. 2 D., de *Rei Vind.*, VI, 1, que dès la plus haute antiquité, le fils pouvait être revendiqué ; qu'au temps de Gaius, il faisait encore l'objet d'une mancipation valable (1). Au quatrième siècle de l'ère chrétienne, suivant le témoignage de Jacques Godefroy (2), il pouvait être vendu au profit du fisc pour l'acquittement des dettes du père. Enfin, jusque dans la législation de Justinien, il devient l'objet d'un *furtum* (3).

Ces arguments, spécieux en apparence, ne me paraissent pas devoir fixer notre opinion en ce sens. Il convient d'abord de remarquer, sans attribuer toutefois à cet argument plus de portée qu'il n'en comporte, que la plupart des fragments cités à l'appui de cette thèse se réfèrent à des matières de droit pénal. Doit-on attacher une grande importance au langage des jurisconsultes romains dans une science qui fut toujours aussi rudimentaire et aussi informe que le droit criminel ? Tandis que la langue du droit privé s'enrichissait d'expressions si heureuses et si précises, la langue du droit pénal se montra toujours chez les meilleurs jurisconsultes d'une pauvreté et d'une impropriété de termes qui les gênent souvent.

Le fait de soustraire un enfant à l'autorité paternelle présente avec le vol certaines analogies, et pour distinguer ces deux délits, pour leur appliquer à chacun une dénomination spéciale qui fasse saisir les différences qui les séparent, il

---

(1) G., I. 132.
(2) *Ad legem un.* Th., c. *De patrib. qui filios,* III, 3.
(3) Inst. *De oblig. quæ ex delicto,* IV, 1.

eût fallu un droit pénal plus développé que celui des Romains. On dut certainement être porté à assimiler le vol à l'enlèvement de l'enfant, la *rei vindicatio* et l'action compétant au père pour réclamer ses droits contestés sur l'enfant. Ulpien, au titre de la *rei vindicatio* (1), conteste formellement ce système : « On ne réclame point, dit-il, par cette action, les personnes libres *alieni juris*, telles que les enfants en puissance. » D'autres moyens d'action sont conférés au père ; ce sont : le *prœjudicium*, la *cognitio prœtoria* et les interdits *de liberis ducendis* et *de liberis exhibendis*. Par le *prœjudicium*, il fait théoriquement décider à qui appartient la puissance paternelle. Le *prœjudicium* n'implique pas l'existence d'un procès. Il a, au contraire, pour but de le prévenir. Par la *cognitio prœtoria*, il réclame pratiquement le droit de garde. Par les interdits *de liberis ducendis* et *de liberis exhibendis*, il reprend à un étranger son fils injustement détenu.

L'opinion d'Ulpien, si nettement exprimée dans les lignes qui précèdent, n'avait pas satisfait Cujas et Pothier, qui invoquaient encore un texte de Pomponius, cité par le même Ulpien, et dont l'interprétation ne laisse pas que d'être très délicate : « Et ita Pomponius (lib. XXXVII) : Nisi forte, » inquit, adjecta causa quis vindicet. Si quis ita petit filium » suum vel in potestate ex jure romano, videtur mihi et » Pomponius consentire recte eum agisse ; ait enim, adjecta » causa ex lege Quiritium vindicare posse (2). » Ce texte a été commenté par Cujas de la manière suivante :

La propriété peut nous appartenir soit en vertu du droit civil, soit en vertu du droit des gens. Nous pouvons revendiquer une chose en insérant dans la formule cette phrase : *meam esse ex jure Quiritium,* ou bien simplement : *meam esse.*

_____

(1) D. Lib. XLIII. 30.
(2) Voyez liv. XLIII, 30. D.

Or, la puissance paternelle étant un *jus proprium civium roma-
norum*, lorque nous revendiquons un enfant, l'expression
meam esse ne suffit pas pour préciser notre droit; nous devons
ajouter : *ex jure Quiritium*.

Il est difficile d'admettre une semblable interprétation sans
donner au texte d'Ulpien une tournure incorrecte et vicieuse.

Point n'est besoin de soutenir avec Zimmern (1) que Tri-
bonien a altéré le passage d'Ulpien pour le mettre en rapport
avec les changements opérés dans le droit, et de dire que le
jurisconsulte s'occupait dans ce texte de l'homme *in mancipio*. Nous proposons avec M. Pellat (2) la traduction littérale
suivante :

« C'est ainsi que Pomponius enseigne au livre 37, à
moins, dit-il, qu'on ne revendique, en indiquant la cause ; si
quelqu'un réclame son fils en puissance, d'après le droit romain, il me semble que Pomponius trouve cette réclamation
juste ; car on peut, ajoute-t-il, revendiquer, selon le droit des
Quirites, en indiquant la cause. » Le système de Cujas, vraisemblable avant la découverte des manuscrits de Gaius, ne
se soutient plus, aujourd'hui que l'on connaît l'emploi exact
des formules.

La revendication du fils diffère essentiellement de la revendication de l'esclave ; elle n'a lieu qu'*adjecta causa*.

S'il faut en croire Gaius, le père qui revendique son fils ne
se servira pas de la même expression que s'il revendiquait un
esclave ou un homme libre *in mancipio*. Le jurisconsulte classique nous donne la formule applicable à la revendication
d'une chose mobilière ou d'un esclave (3) : *Hunc ego hominem
ex jure Quiritium, meum esse aio*. L'expression *ex jure Quiritium*
ne figure pas dans l'adoption, dont les formes consistent en

---

(1) Geschichte des Röms Privatrechts.
(2) *Propriété*, p. 112 et suiv.
(3) Gaius. c. IV, 16.

une fictive *vindicatio*. Gaius écrit (1) : « Si qui adoptat, vindicat,
» apud prœtorem filium suum esse. » Les Romains ont
voulu marquer par cette distinction que le droit du père sur
le fils n'était point un véritable droit de propriété.

Quid maintenant du témoignage de Godefroy sur la saisie
et la vente du fils pour l'acquittement d'une dette paternelle
envers le fisc ? *Quid* de la mancipation appliquée au fils plus
rigoureusement qu'à l'esclave ? Sans doute, la saisie et la vente
du fils de famille au profit du fisc sembleraient bien indiquer que
celui-ci est un objet de propriété sur lequel porte le gage du
créancier, comme sur tous les objets qui composent le patrimoine du débiteur. Il ne faudrait pas cependant exagérer
cette idée. Peut-être doit-on voir dans cette saisie une application rigoureuse et excessive de la contrainte par corps ?
Cette application si dure se comprend jusqu'à un certain
point, à l'encontre du fils considéré comme co-propriétaire
du patrimoine paternel. Nous allons voir incessamment, en
ce qui concerne la mancipation, que l'*emptor* n'acquérait
point la puissance paternelle. Et, du reste, au dire de
Gaius (2) : Quin etiam invito quoque eo cujus in mancipio
» sunt censu libertatem consequi possunt. » Le retour du
cens, c'est-à-dire l'inscription du fils *in mancipio*, sur le re-
gistre des citoyens, lui rendait la liberté, comme à l'esclave.
De plus, cinq ans après l'acquisition du *mancipium*, le pouvoir de l'*emptor* était dissous, et pour le maintenir le père devait le renouveler. Au dire du même Gaius, et par exception, le fils auteur d'un délit, qui avait subi de ce chef l'abandon noxal, restait *in mancipio* jusqu'à l'époque où son travail
avait compensé le préjudice éprouvé par la victime du délit.
Cette remarque n'est-elle pas de nature à prouver de plus

---

(1) Gaius, c. I, 134.
(2) Gaius, c. I, 140

fort que le *pater* n'avait point sur son fils ce droit de propriété quiritaire qui lui appartenait sur l'esclave et qui porte, dans le langage du droit, le nom de *dominium* ? Il est juste de reconnaître que ce droit ressemblait en quelque sorte au *dominium* dont parle Gaius. Non pas que le jurisconsulte soit en droit de le confondre avec le *dominium* du maître. Si la femme n'a jamais la puissance paternelle, ce n'est point que la *patria potestas* soit une puissance analogue à la *dominica potestas*, inaccessible aux femmes, c'est qu'elle est, par essence, un *munus publicum*, rentrant dans la catégorie des offices virils. C'est que le *pater* est investi de la souveraineté de juridiction. Remarquez qu'en droit romain, la *patria potestas* n'est pas, comme en droit français, un pouvoir de protection destiné à assurer la direction des enfants, et ne conférant au père que les droits nécessaires pour atteindre ce but. Elle est, par essence, intimement liée au caractère patriarcal et religieux de la famille   Si les droits du père sont presque aussi étendus que ceux du maître, le principe qui sert de base à ces deux pouvoirs est différent. Le maître est propriétaire, le père est revêtu d'une magistrature domestique.

C'est le second système. On oppose la *patria potestas* à la *dominica potestas* (1) Jamais il n'y eut d'analogie complète entre les droits du maître et les droits du père. Au milieu de l'organisation politique de la famille, on fut appelé à concentrer entre les mains du père, à côté des droits naturels, des droits qui, de nos jours, seraient l'apanage des pouvoirs publics. C'est sous ce jour que la science moderne envisage l'autorité paternelle : magistrature domestique, exercée par délégation de l'État, elle se distingue de la *dominica potestas*, en droit public et en droit privé. Dans les formules sacrées

---

(1) *De verb. significatione*, l. 215., liv. 50, t. 16.

qui remontent à la plus haute antiquité, les mots *domus* et *familia* sont opposés l'un à l'autre (1). Ces deux mots désignent un groupe de personnes, mais en envisageant ces personnes à des points de vue différents, ici au point de vue du culte, là au point de vue du droit. La famille comprend les personnes associées au culte et placées sous la protection d'un même père. La maison comprend les personnes placées sous la dépendance d'un même maître et sur lesquelles ce maître a un droit garanti par l'État (2). Le maître exerce des droits dans les limites tracées par la loi. Le père a les pouvoirs d'un magistrat. Il a aussi des devoirs : il doit nourrir et entretenir les membres de sa famille, suivant sa fortune et son rang (3) ; il doit veiller à l'accomplissement des cérémonies du culte domestique. La condition du fils est supérieure à celle de l'esclave. L'esclave est une chose, le fils de famille, un homme et un citoyen. L'expression *liberi,* par laquelle on désigne les enfants, implique une certaine idée de liberté. Le fils de famille jouit d'une personnalité juridique proprement dite. Il s'engage valablement vis-à-vis des tiers. Quoique non soumis aux actions naissant des contrats qu'il passe, il n'en contracte pas moins des dettes valables. Il est, de son vivant, co-propriétaire du patrimoine paternel. C'est l'*heres suus,* et à la mort du *paterfamilias,* ce n'est pas tant un droit nouveau qu'il acquiert, que l'exercice utile de droits qu'il possédait déjà. Il a le *commercium* et à ce titre figure valablement, dans la plupart des actes emportant acquisition et transmission de droits réels ou personnels (4). Il a le *connubium* et peut contracter un mariage *justum.* Sujet soumis aux

---

(1) Caton, R. r 132, 134, 139, 142.

(2) V. Cuq. *Institutions juridiques des Romains.* 1891, p. 152.

(3) Arg., liv. VII, 4.

(4) Le fils de famille manifeste notamment sa personnalité dans l'adstipulatio (Gaius, c III. 114).

volontés souveraines du père dans l'intérieur de la maison, il a dans la cité la plénitude de ses droits politiques et publics. *Genitor*, il n'aura point sur ses enfants les droits qui appartiennent au grand-père ; mais il peut être tuteur d'enfants étrangers. Que son beau-père ou son père exercent la *manus* sur sa femme, il n'en aura pas moins l'aptitude à remplir les fonctions les plus élevées. Et ceux-là mêmes à qui il doit obéissance dans l'intérieur du foyer domestique, seront tenus de lui rendre les mêmes hommages qu'à tout magistrat du même rang (1). Il votera dans les assemblées du peuple, et quoique dépourvu de tout patrimoine propre, il participera aux charges publiques, dans la mesure de la fortune paternelle.

L'histoire de l'autorité paternelle nous montrera comment cette différence de condition entre le fils et l'esclave, de confuse qu'elle fut peut-être à l'origine, se dégagera et s'affirmera plus nettement.

---

(1) Tite-Live xxiv, 44. — Aulu-Gelle, ii. 9. — Valère Maxime 16, 3, 4.

CHAPITRE II

DE LA PUISSANCE PATERNELLE SUR LA PERSONNE DE L'ENFANT A ROME

Nous avons, dans les pages qui précèdent, esquissé à grands traits les caractères généraux de l'antique famille romaine et de la *patria potestas*. Nous devons maintenant étudier cette institution dans son histoire, dans son développement, dans ses détails. Nous suivrons pas à pas les changements qu'elle a successivement subis suivant les idées, les vues et les mœurs de chaque époque. Quelle influence l'organisation politique d'un peuple peut-elle avoir sur son droit privé ? Combien grande est la différence entre l'autorité du père dans la Rome primitive et dans la Rome de Justinien, entre la conception de la puissance paternelle dans une société antique et dans une société moderne ? Tout autant de questions intéressantes pour l'historien et pour le jurisconsulte. Encore devrons-nous éviter un écueil, c'est que le jurisconsulte ne perde pas de vue, dans l'étude minutieuse des détails, le caractère permanent et universel de l'autorité paternelle dans la législation romaine.

Nous diviserons cette étude en trois parties :

1° De la puissance paternelle avant et après la loi des Douze-Tables jusqu'à l'empire ;

2° De l'empire païen ;

3° De l'empire chrétien.

DE LA PUISSANCE PATERNELLE AVANT LA LOI DES DOUZE-TABLES.

Quoique la critique contemporaine ait rejeté les vieilles légendes dont l'imagination des peuples primitifs s'est complue à entourer leur berceau, il n'est cependant pas impossible de reconstituer les institutions primitives de Rome, et les plus brillants essais en ont été tentés de nos jours (1).

L'organisation de la famille est antérieure à l'organisation de la cité. La cité n'est qu'une agrégation de familles, et chaque famille forme par elle-même une petite cité. Ce sont les mœurs, c'est la religion qui firent les lois auxquelles obéirent les premiers habitants de Rome. Avant même la loi des Douze-Tables, et par conséquent antérieurement à toute codification, l'autorité paternelle apparaît avec son caractère religieux, absolu, unitaire, qu'elle conservera pendant de longs siècles même dans un milieu social incompatible avec l'idée sur laquelle elle reposa tout d'abord.

La maison, comme nous l'avons dit plus haut, est le siège de la puissance du Romain. C'est le foyer à l'abri duquel il conserve pieusement le culte des ancêtres, c'est l'autel où il sacrifie, le tribunal où il juge. Car il est le souverain absolu

---

(1) Mommsen : *Histoire Romaine, Manuel des antiquités Romaines.* — Fustel de Coulanges : *La Cité antique.* — Schœffer : *Précis des sources de l'histoire romaine.* S. Reinach : *Manuel de philologie.*

de tous les membres qui composent sa famille. Indépendant
de tout pouvoir public, il commande à ses esclaves qui sont
pour lui un objet de propriété confondu avec sa fortune
mobilière ; à la femme soumise à la *manus* de son mari ; à
ses enfants, sur lesquels il exerce la *patria potestas ;* enfin à
l'homme libre *in mancipio,* qui occupe dans la famille une situation intermédiaire entre celle du fils et de l'esclave. L'organisation politique de la famille concentre dans les mains
du père, avec les droits naturels, tous les pouvoirs que nos
mœurs modernes réservent à la puissance publique. Organisation puissante, dont il convient d'examiner les rigoureuses
conséquences :

Prenons l'enfant à son berceau : le premier des attributs de
la *patria potestas* dont la légende de Romulus nous offre la
populaire expression, c'est le droit pour le père de reconnaître son enfant ou de le repousser. Ce droit appartient au
père, d'après les lois grecques comme d'après les lois romaines. Tout barbare qu'il est, puisqu'il autorise l'exposition et
le meurtre du nouveau-né, il n'est point en contradiction avec
les principes sur lesquels est fondée la famille. La filiation
même incontestée ne suffit pas pour rentrer dans le cercle
sacré de la famille. Il faut le consentement du chef et l'initia-
tion au culte.

Tant que l'enfant n'est pas associé à la religion domestique, il n'est rien pour le père (1). Aussitôt après sa naissance, l'enfant est déposé aux pieds du maître de la maison.
Celui-ci le prend-il dans ses bras *(liberum tollit, suscipit)* (2),
il manifeste son intention de l'admettre au sein de la famille ;
s'il le laisse à terre, il le répudie, et le regarde comme un
étranger *(liberum repudiat, negat)* (3). L'association au culte

---

(1) *Cité antique,* p. 99.
(2) Donat in Ter. And. III, 1, 6. — Plaute, Amph. 1, 3, 3.
(3) Ulpien 34, *ad Edict.* D. XXV, 3, 1, 11.

domestique s'opère par la *lustration*. C'est un sacrifice offert
aux dieux de la famille. Huit ou neuf jours après la naissance de l'enfant, suivant que c'est une fille ou un garçon, on
donnera un nom à l'enfant (1) et dès ce moment, le chef de
famille deviendra son protecteur et acquerra sur lui le pouvoir du magistrat domestique (2).

En décidant ainsi du sort du nouveau-né, le *paterfamilias*
remplit un véritable sacerdoce.

Si nous en croyons Denys d'Halicarnasse, Romulus aurait
législativement consacré ce droit (3). Le père ne pouvait tuer
ses enfants au-dessous de trois ans, à moins qu'ils ne fussent
mutilés ou monstrueux dès leur naissance. Encore les parents n'étaient-ils autorisés à exposer les monstres qu'après
les avoir présentés aux cinq plus proches voisins. Cette intervention des citoyens étrangers ne tendrait-elle pas à
faire croire que le sort de la cité fut considéré comme intimement lié au sort de chaque famille et que même aux premiers âges de la vie romaine, l'omnipotence paternelle était
limitée par l'intérêt supérieur de l'Etat? Les citoyens con-
sultés appréciaient s'il y avait lieu de conserver pour la cité
des enfants dont les infirmités seraient peut-être une source
de dangers pour l'Etat.

A défaut d'acte d'appréhension, l'enfant n'entre pas dans la
famille de son père. « Pourrait-il du moins entrer dans la
maison de sa mère, au cas où elle serait mariée *sine manu* ?
La question revient à savoir si le maître de la mère devient
maître de son enfant, comme le propriétaire de la chose principale devient propriétaire de l'accessoire. La réponse n'est
pas douteuse :

---

(1) Macrob., *Sat.*, 1, 16, 36.
(2) M. Cuq, *Inst. juridiques des Romains,* p. 162.
(3) Halic, 2, 15.

Les Romains n'ont pas considéré l'enfant comme un fruit. Le propriétaire acquiert les fruits de sa chose par la séparation ; or nous venons de voir que la naissance de l'enfant n'en fait pas acquérir la propriété à son père ; à plus forte raison sera-t-elle insuffisante pour en faire acquérir la propriété au père de sa mère.

Celui-ci ne peut acquérir de droit sur l'enfant, ni à titre de fils de famille, puisque la mère ne fait plus partie de la famille, ni à titre d'esclave, car l'enfant né d'une mère libre est libre.

Les enfants répudiés par leur père, ceux dont le père est inconnu, ou bien les enfants nés hors mariage des relations de deux personnes de la même *gens*, naissent *sui juris*. Lorsqu'ils n'étaient pas exposés, ils étaient sans doute placés par leur mère sous la protection du chef de sa maison ou de son tuteur, à titre de clients. C'est pour cela qu'ils portent le nom *gentilice* de leur mère, bien qu'ils ne soient pas membres de sa *gens* ; le nom est suivi de la qualification de « spurius »(1).

Denys d'Halicarnasse cite, parmi les droits les plus rigoureux du père de famille, celui de manciper son fils (2). Il nous apprend que Numa défendit au père de manciper son fils marié. Il est probable que la mancipation fut la forme primitive du louage de services pour les personnes libres, sous la puissance d'autrui (3). Elle était un des tristes fruits de la misère, qui poussait certains pères de famille à recourir à ce moyen pour se procurer des ressources. Elle ne devait point avoir une durée perpétuelle, même avant la loi des Douze-Tables.

S'il n'y avait pas de terme exprès, on peut avec raison pré-

---

(1) M. Cuq, ouvrage cité, p. 175-176.— V. Ulpien, 17, *ad Sab.* D. vii, 1, 68 pr. — Gaius, 164. — Mommsen, iii, 64, 72.

(2) Denys Hal., i, 26. 27.

(3) Paul, v, 1, 1.

voir quel en était le terme tacite. C'était la fin de la période
lustrale.

Cinq ans écoulés, le *mancipium* était rompu par le fait de la
loi, et le père devait le renouveler, pour le maintenir entre les
mains de l'acquéreur. Ce n'est, au dire de Gaius (1), qu'en
cas d'abandon noxal, que le fils de famille restait au service
de l'acquéreur, jusqu'au jour où, par son travail, il avait compensé le préjudice causé à autrui par ses délits. N'est-ce pas
dire que la mancipation ne fut jamais considérée comme un
moyen de livrer le fils à titre perpétuel ?

Nous venons de parler de l'abandon noxal. Quel était donc
le caractère et le fondement de cet abandon noxal, que l'on
retrouve en plein exercice au milieu des civilisations rudi-
mentaires, et de nos jours encore chez certaines peuplades
d'Afrique (2) ?

L'abandon noxal constitue l'un des termes de l'action
noxale, conséquence des actes illicites de l'homme et des
animaux. Trois conditions sont nécessaires pour l'exercice
de l'action noxale. Il faut que l'auteur de l'acte illicite soit encore *alieni juris* au moment de la poursuite, que, au moment
de la *litis contestatio*, la victime n'ait pas eu, depuis le délit,
l'auteur en sa puissance. Il faut enfin que l'auteur du délit
soit alors en la puissance du défendeur.

Le but de l'action noxale, c'était d'obtenir du défendeur,
soit le paiement d'une amende, soit l'abandon du coupable.
On avait enseigné, au commencement du siècle, que l'action
noxale avait pour fondement une faute réelle ou présumée
du titulaire de la puissance.

Ce système était loin d'expliquer comment cette action ne

---

(1) Gaius, 1, 140.
(2) V. de Hartmann, *Les Peuples de l'Afrique*. Bibliothèque scientifique inter-
nationale. Paris, 1880, p. 240. — Magyar, *Reisen in Sudafrika*, 1, 1859, p. 287.

tendait pas seulement au paiement d'une somme d'argent, comme les actions ordinaires, et pourquoi le coupable était autorisé à se soustraire au paiement, en faisant l'abandon.

Un autre système, aujourd'hui en cours, soutenait que l'auteur de la puissance, maître ou père de famille, défendait au procès dans l'intérêt de l'auteur du délit personnellement obligé, mais incapable de se défendre lui-même. Ce système, combattu par M. Girard, ne résistait pas aux objections suivantes (1) :

Ce système suppose établis trois points, dit M. Girard : en premier lieu que l'auteur du délit est personnellement obligé, en second lieu qu'il ne peut se défendre, et enfin que le titulaire de la puissance figure au procès, comme son défenseur.

Il est vrai qu'antérieurement à l'époque classique, le fils de famille et l'esclave sont incapables d'ester en justice. Il est vrai qu'à l'époque classique, l'esclave et le fils de famille pourront s'obliger personnellement (2) ; mais sans discuter le point de savoir s'ils le furent à notre époque, remarquons que dans un cas d'action noxale, dans le cas de l'action de paupérie donnée à raison du fait du quadrupède, l'animal ne saurait être personnellement obligé. Le maître poursuivi *quadrupedis nomine* (3) n'est pas le représentant d'un obligé capable, pour lequel il plaide. C'est lui qui est obligé et qui plaide son propre procès.

Par suite, il doit en être de même du père qui plaide *filii nomini*, du maître qui plaide *servi nomini*. Du reste, la représentation judiciaire n'est pas admise dans l'ancien droit, et l'action noxale constituerait à la règle : *Nemo, alieno nomine agere*

(1) M. Girard, *Actions noxales*, 1888, p. 44, 45 et suivantes.
(2) Ulpien, 14, D. De O et A, 44, 7.
(3) F. 2, p. 1. Dig. *Si quadrupes.* 9. 1.

potest, une vieille et importante exception, dont aucun texte ne ferait mention (1).

Aussi faut-il chercher la base de l'action noxale, dans la théorie qui la fait dériver de l'évolution historique du droit pénal romain, des transformations successives qu'a subies le système de la vengeance privée. Cette évolution est passée par trois phases successives.

A l'époque où le droit et la force ne sont pas encore séparés, et où l'Etat n'intervient pas dans la répression pour infliger des peines publiques, tout acte illicite produit chez l'offensé un mouvement de réaction qui le pousse à la vengeance. Cette vengeance, l'offensé l'exercera, soit seul, soit avec l'aide d'autrui, dans la mesure du ressentiment qu'il éprouve et du dommage subi. Il l'exerce sans tenir compte de l'intention de l'auteur du délit, sans se préoccuper de sa responsabilité, sans se demander s'il est ou non susceptible de volonté. L'auteur du mal sera un être humain, un animal ou un objet inanimé. Qu'importe ? Si l'auteur du délit est un être humain sous la puissance d'autrui, la victime n'en mettra pas moins la main sur lui. Le maître, le chef de famille interviendront peut-être pour défendre le coupable ; mais s'ils ne veulent point s'engager dans une lutte dangereuse et incertaine, ils livreront l'auteur du mal à la vengeance de la victime. C'est l'abandon noxal, conséquence du principe de la vengeance privée. L'abandon noxal sera un moyen pour le père de réparer le dommage causé par son fils, sans bourse délier. Soumis au *mancipium,* le fils travaillera pour le compte de la personne qui s'indemnisera en exploitant ses services. Cette coutume barbare et égoïste permettra au père de famille de transformer une prérogative exceptionnelle en un usage permanent. Lorsque les services de l'enfant pourront

---

(1) V. M. Girard, p. 44.

être exploités, le père les louera ; il fera commerce du travail de ses enfants, et en cela, il ne sera que l'imitateur de l'Etat, qui donne souvent en noxe à ses ennemis ceux qui ont causé quelque dommage (1).

Dans la deuxième phase, traversée par l'évolution historique de la pratique noxale, il arrive souvent que la victime du délit, au lieu de se venger d'une manière brutale sur celui qui lui a fait éprouver un dommage, aime mieux toucher une certaine somme en réparation du préjudice causé. Le père de famille paiera une amende et ne livrera pas l'enfant. Avant les Douze-Tables, le droit primitif s'est quelque peu modifié. L'Etat réprime les délits publics, et beaucoup de délits privés parmi les plus graves. Pour certains délits, on a déjà fixé la composition légale, et la victime ne jouit plus du droit de se venger. On l'a fixée pour les dommages causés par les animaux, pour le vol non flagrant, pour certains dommages matériels et pour certaines injures. Ce n'est que plus tard, par l'édit du préteur, que sera généralisé le système des compositions légales. Mais déjà, la victime du délit n'a plus qu'un seul droit : le droit à une réparation pécuniaire. Si le coupable est un fils de famille, comme il n'a pas de patrimoine propre, il ne saurait être astreint à payer une amende. L'abandon noxal sera le seul moyen pour la victime de satisfaire sa vengeance. Peu à peu interviendront les pères de famille, qui, désireux de garder leur enfant, préféreront payer l'amende.

La dernière évolution se résoudra plus tard en un choix donné au *pater*. L'action noxale aura un double but : obliger le maître de la puissance à livrer le coupable ou à payer l'amende.

Un autre effet du caractère souverain de la *patria potestas*,

---

(1) Tite-Live, IX, 10.

c'est la faculté d'adroger un *sui juris*, et de consentir au mariage de ses enfants. L'adrogation constitue pour le *pater-familias* le moyen de laisser après lui un citoyen qui recueille son nom et perpétue son culte gentilice... Elle n'est possible que lorsque l'adrogeant n'a pas d'enfant, et ne peut, en raison de son âge, espérer en avoir (1).

Lorsqu'un citoyen se trouve le dernier chef de famille survivant de sa *gens*, il ne doit pas mourir sans laisser de continuateur du culte des aïeux.

« Si, au contraire, dit M. Cuq, ce citoyen appartenait à une *gens* comprenant d'autres chefs de famille, la conservation du nom et du culte de cette *gens* était assurée en dehors de celui des chefs de famille qui n'avait pas d'enfants. Celui-là n'avait plus à se préoccuper que de perpétuer son culte domestique ; il lui suffisait d'instituer un héritier (2).

Le but de l'adrogation, c'est d'empêcher l'extinction d'un culte gentilice. C'est une institution exclusivement réservée aux patriciens. On l'étendit peut-être aux plébéiens qui formèrent des *gentes*. Elle ne dut point être d'une application commune, car il était rare de trouver un citoyen à la tête d'une famille patricienne, qui voulût changer sa situation indépendante de *paterfamilias* pour celle de fils soumis à l'adrogeant, et renoncer à son nom et à son culte gentilice. L'adrogé devait, en effet, pour consacrer le changement de *gens*, renoncer au culte de sa *gens*, devant les comices calates, en présence du peuple. C'était la *detestatio sacrorum* (3).

Cicéron et Aulu-Gelle nous ont conservé la description de cet acte juridique (4), et sa forme, l'intervention de la

---

(1) Cic. *Pro domo*, 13.
(2) M. Cuq, *Inst. jurid. des Romains*, p. 235.
(3) Aulu-Gelle, xv, 27. — Ulpien, 56. *Ad. Ed.*, D. L. 16, 40, pr.
(4) Aulu-Gelle, V. 19. — Cicéron, *Pro domo*, 13, 14, 29.

puissance publique nous ramènent à cette époque où, suivant l'expression de M. Fustel de Coulanges, chaque maison était un petit Etat, et où l'entrée dans une famille ressemblait fort à la naturalisation moderne.

L'adrogation ayant pour effet d'éteindre la tète d'une famille, l'intervention du peuple est exigée. Le collège des pontifes doit approuver le projet d'adrogation. Le rôle des pontifes consiste à examiner si l'adrogeant remplit les conditions d'usage, quel but il se propose, notamment si l'adrogation ne déguise pas une spéculation pécuniaire, si elle ne tend pas à amoindrir le respect des *sacra* ou abaisser la dignité d'une famille, soit celle de l'adrogeant, soit celle de l'adrogé (1). Devant les curies, trois questions sont posées, sans doute par le président des comices ; la première à l'adrogeant : Veut-il avoir l'adrogé pour *justus filius ?* la seconde à l'adrogé : Consent-il à ce que l'adrogeant acquière sur lui le droit de vie et de mort ? la troisième enfin au peuple : Veut-il consacrer la volonté des parties ? Ainsi l'adrogé passera sous la *patria potestas* de l'adrogeant avec tous ceux qui sont soumis à sa puissance, et son patrimoine se confondra désormais avec celui de l'adrogeant.

Le père de famille, qui a le droit d'admettre un nouveau membre auprès du foyer, qui peut ainsi se créer une paternité fictive, a-t-il le droit d'expulser du sein de la famille un enfant, de le vendre *trans Tiberim*, et d'un homme libre faire un esclave ? Cicéron, dans son plaidoyer pour Cecina (2), considère cette vente comme un moyen de faire sortir l'enfant de la puissance paternelle. « Si pater vendidit eum, quem in potestatem suam suscepe » rat, ex potestate dimittit. » Mais en le vendant, il fait acte

(1) Accarias, *Précis de droit romain*, tome Ier, p. 204.
(2) Cic., *pro Cecina*, 34. — *De Orat.* 1. 40.

de juge, non de propriétaire ; il juge comme le peuple, livrant
à l'ennemi le citoyen qui a essayé de se soustraire au service
militaire (1). C'est une peine infligée au fils comme au citoyen, plutôt que l'exercice d'un droit de propriété. Il en
sera de même du droit de vie et de mort. Ce droit exorbitant est-il une conséquence de ce système unitaire qui faisait
de la famille romaine un tout indivisible ayant une seule âme,
une seule tête, en un mot un corps dont chaque enfant était
un membre ? Est-ce une conséquence du droit de haute justice qui appartient au père, à la fois roi, prêtre et magistrat ?

De toute la famille, dit M. Fustel de Coulanges, il n'y avait
que le père qui pût paraître devant le tribunal de la cité. La
justice publique n'existait que pour lui. Si la justice pour les
fils et la femme n'était pas dans la cité, c'est qu'elle était dans
la maison. Leur juge était dans la famille, siégeant comme
sur un tribunal, en vertu de son autorité maritale ou paternelle, au nom de la famille et sous les yeux des divinités domestiques. Entre un père et son fils, entre un mari et sa
femme, on ne tolérait l'entremise d'aucun pouvoir étranger (2).

Cette théorie, qui semblerait contredite par le texte de
Denys d'Halicarnasse, qui montre Romulus édictant une loi
pour permettre au père de tuer son enfant dès l'âge de trois
ans, est au contraire confirmée par ce que nous venons de
dire sur la cérémonie de l'adrogation. Et la formule : Consens-
tu à ce que Aulus Agerius ait sur toi le droit de vie et de mort
comme sur un fils ? tendrait bien à faire penser qu'il y a là un

---

(1) Cette vente fait perdre à l'enfant le droit de cité et en même temps le
soustrait à la puissance paternelle. Depuis les Douze-Tables, la vente devait
avoir lieu à l'étranger (*trans Tiberim*) comme pour le débiteur attribué à son créancier (*addictus*), car Cicéron dit que le fils ne pouvait invoquer le *postliminium*
(M. Cuq. *Institutions juridiques des Romains*, p. 157).

(2) Fustel de Coulanges, Opusc. cité, p. 102.

pouvoir de juridiction exercé par le père sur tous ceux qui entrent dans la famille. Par le consentement de l'adrogé et par sa réponse à la formule, compétence de juridiction est attribuée au *pater* sur un nouveau membre qui rentre désormais, dirions-nous aujourd'hui, sous son ressort.

Loin de nous la pensée d'exagérer la portée de cette théorie, car souvent il appartenait aux magistrats, dans des cas spéciaux, de juger des fils de famille. Tel se présente l'exemple donné par Tite-Live (1) : Horace, après le meurtre de sa sœur. a été condamné par les duumvirs. Son père n'intervient que pour demander au peuple de casser cette sentence. Sans doute il invoque son droit de puissance paternelle ; il dit que sa fille a été tuée justement ; il parle en juge : « Se filiam jure » caesam judicare ne ita esset patrio, jure in filium animadver- » surum fuisse. » Mais ce n'est point en vertu de ce droit qu'il demande la grâce de son fils, c'est en implorant la pitié du peuple. Le roi ne se laisse point séduire par la revendication du droit de juridiction ; c'est au nom de la pitié qu'il soumettra le sauveur de Rome au jugement du peuple. Horace sera absous par le peuple (2).

Cette coutume d'enlever à la juridiction du père certains crimes commis par le fils, devint définitive, par une loi sacrée rendue en l'an 260. Cette loi permettait aux tribuns de citer, devant les comices par tribus, comme un citoyen ordinaire, et de faire condamner à une peine arbitraire, le fils qui avait commis un crime de haute trahison, ou s'était rendu coupable de violences à l'égard d'un tribun de la plèbe. En 293, le tribun Aulus Virginius traduisit devant les comices Quintius Cincinnatus, qui ne dut qu'à son exil d'échapper à une condamnation certaine (3).

---

(1) Livre I. C. 23.
(2) Denys d'Hal. III. 22,
(3) Liv. III. 13. Denys. XX. Val. Max. IV. 47.

Si la coutume et la loi restreignirent les droits du père de famille, si l'autorité publique s'attribua, pour certains crimes les plus graves, une compétence que la religion et les mœurs accordaient au chef de famille, il n'en fut point ainsi pour les crimes qui atteignaient directement le chef de famille. L'enfant qui frappait un de ses parents, encourait la peine qu'il plaisait au *pater* de lui infliger. Il faisait en outre l'objet de l'*exsecratio* (1). C'était une pénalité religieuse, résultant d'une déclaration formulée par le grand pontife, sur la demande du père.

Le coupable était déclaré *sacer*, et voué aux dieux qu'il avait outragés, en la personne de l'un de ses parents. Il en était ainsi au cas où l'enfant avait frappé sa mère. Tant il est vrai, comme nous le disions plus haut, que si l'autorité appartient tout entière au père, le respect de l'enfant n'en est pas moins dû à la mère et à tous les ascendants. La religion tempère ce que le droit pur a de rigoureux.

Un point qui ne recevra jamais de tempérament, c'est le caractère perpétuel de la puissance paternelle. Le père qui doit autoriser, pour le rendre possible, le mariage de son fils ou de sa fille, n'en conservera pas moins, lorsqu'il sera accompli, la puissance paternelle, toute la vie du fils. Eût-il quatre-vingts ans, le fils la subira aussi intense que s'il était impubère.

Toutes les restrictions apportées plus tard au droit du *pater*, toutes les améliorations faites par les lois à la situation du fils de famille, laisseront intacte la perpétuelle minorité de l'enfant. Les Romains ne connurent jamais cette époque appelée majorité, qui rend le fils de famille maître de ses droits et de sa personne.

---

(1) Festus : « Si parentem puer verberit, ast olle plorassit parens, puer divis parentum sacer esto. » V° *plorare*.

Le *paterfamilias,* qui a sur son fils le droit de vie et de mort, qui peut le vendre à titre d'esclave, moyens extrêmes et dont il ne fera usage que dans des cas exceptionnels, dispose des moyens de correction suivants : Il peut faire flageller son fils (1), le faire condamner à l'emprisonnement ou aux travaux forcés, le vouer aux dieux qu'il a outragés, l'exclure enfin de la famille, au moyen de l'*abdicatio*. Les documents manquent pour apprécier exactement le caractère et la formule de l'*abdicatio*. Elle devait se produire très probablement lorsque l'enfant avait commis un crime, ou un acte de grave indiscipline (2).

Valère Maxime (3) rapporte que Titus Manlius aurait expulsé son fils D. Silanus, coupable de prévarication dans le gouvernement de Macédoine. Et voici en quels termes aurait été prononcée cette abdicatio : « Quum Silanum filium » meum pecunias a sociis accepisse mihi probatum sit, et » republica et domo indignum judico, protinus e conspectu » meo abire jubeo. » Il est probable que ce dut être, de tout temps, la formule employée. Cette abdication ne produit, par elle-même, aucun effet juridique. Le père conserve sur l'enfant son droit de père, de même que l'enfant garde sa qualité d'héritier sien. Plus tard, la loi et la jurisprudence modifieront ce résultat, et l'*abdicatio* deviendra une institution présentant certaines analogies avec l'exhérédation.

---

(1) Denys d'Halic. II, 26.
(2) Quintilien, VII. 4. 27.
(3) V. M. v. 8. 3.

Section II

DE LA PUISSANCE PATERNELLE APRÈS LA LOI DES DOUZE-
TABLES JUSQU'A L'EMPIRE PAIEN

La loi des Douze-Tables, résultat d'un pacte conclu entre
les patriciens et les plébéiens, substitua, à la coutume et au
droit des Quirites, le droit commun des citoyens (1). Elle fut,
dit Tite-Live, la source de tout droit public et privé (2). Ce
droit ne devait plus être modifié, et à part quelques règles
restrictives plus tard supprimées, et quelques dispositions
tombées en désuétude, à part l'exclusion des étrangers et
des esclaves, on respecta toujours, théoriquement du moins,
les droits fondés sur les Douze-Tables. Les décemvirs se bor-
nèrent cependant à rappeler la plupart des règles déjà exis-
tantes. Gaius semble attribuer deux innovations aux décemvirs : « Lex enim duodecim Tabularum tantum in persona
» filii de tribus mancipationibus loquitur his verbis, si pater
» filium ter venumdabit, filius a patre liber esto. » La puissance paternelle antérieurement perpétuelle était donc battue
en brèche par la rupture du lien qui existait entre le *pater* et
le *filius*. Auparavant le *pater* pouvait bien faire l'abandon
noxal de son fils, le vendre *trans Tiberim,* ou le donner *in
mancipio ;* mais ce n'était que l'expression d'un pouvoir de
juridiction ou d'administration en dehors duquel la puissance
paternelle n'était jamais dissoute. Désormais trois mancipations accomplies, le fils aura conquis sa liberté et le père
sera déchu de la *patria potestas.* Cette déchéance de l'au-

---

(1) Cuq. *Institutions juridiques des Romains,* p. 139.
(2) Tite-Live. Liv. III. 34.

torité paternelle introduisit l'émancipation et l'adoption. Ce qui, dans la pensée du législateur des Douze-Tables, n'avait peut-être été considéré que comme moyen de diminuer la souveraineté paternelle devint dans la pratique et dans l'esprit subtil des prudents un instrument de sa consolidation.

Le père de famille qui veut émanciper une personne soumise à sa puissance, la mancipe à un tiers, trois fois s'il s'agit d'un fils, une seule fois s'il s'agit d'un petit-fils ou d'une fille. Le tiers l'affranchit, en vertu d'un accord préalable sous forme de pacte de fiducie, après chaque mancipation, et comme l'aliénation unique ou trois fois répétée, selon les cas, fait disparaître la puissance paternelle, le dernier affranchissement rend l'enfant *sui juris*, et le soumet en même temps au droit de patronat du tiers qui l'a eu *in mancipio* (1). L'exemple le plus ancien que l'on connaisse de cette émancipation d'un nouveau caractère, date de l'an 398. C. Licinius Stolon, pour échapper aux pénalités infligées par une loi dont il était l'auteur, et qui défendait de posséder plus de cinq cents arpents, émancipe son fils et lui donne cinq cents arpents. Il en possédait mille (2).

L'émancipé juridiquement exclu de la maison de son père est déchu de tous les droits qui dérivent de l'agnation. Il subit une *capitis deminutio*. C'est donc une institution dont les effets étaient considérables. A l'époque où nous nous plaçons, elle ne dut régulièrement servir qu'à consacrer une *abdicatio* prononcée par le père, à titre de magistrat domestique. L'émancipation rendit possible une institution nouvelle si chère aux Romains, et si fréquente au sein de leur société aristocratique : je veux parler de l'adoption. Elle permit au fils sortant de son ancienne famille d'entrer dans une nouvelle. Après les trois mancipations, l'adoptant qui

---

(1) Gaius, C. I. 132.
(2) Tite-Live, VII, 16.

tenait l'adopté *in mancipio* le remancipait au père et par une
de ces fictions dont le droit romain nous offre de nombreux
exemples, l'adoptant revendiquait comme s'il eût eu en puissance le fils *in mancipio*. En vertu d'un accord tacite l'ancien
paterfamilias ne protestait pas par une formule contraire et le
magistrat faisait l'*addictio* : « Eaque res ita agitur ». — « Man-
» cipat pater filium alicui : is eum vindicta manumittit : eo
» facto revertitur in potestatem patris. Is eum iterum manci-
» pat vel eidem, vel alii ; sed in usu est eidem mancipari ;
» isque eum, postea similiter manumittit vindicta : quo facto
» rursus in potestatem patris sui revertitur. Tunc tertio pater
» eum mancipat vel eidem vel alii ; sed hoc in usu est ut
» eidem mancipetur : eaque mancipatione desinit in potestate
» patris esse, etiam si nondum manumissus sit, sed adhuc in
» causa mancipii » (1).

Une deuxième innovation attribuée par Gaius à la loi des
Douze-Tables c'est l'institution du *trinoctium* (2). Elle contri-
bua aussi à augmenter les droits du *pater*. On sait que la
femme ne tombait jamais *in manum* sans le consentement de
son père si elle était fille de famille ou sans l'*auctoritas tutoris*
si elle était *sui juris*. En découchant trois nuits de suite, elle
prévenait l'acquisition de la *manus* en faveur du mari, par
l'*usus*, alors que ni la *coemptio* ni la *confarreatio* ne l'avaient
placée sous sa puissance. Cette réforme, qui semblait devoir
favoriser la liberté de l'épouse, favorisa au contraire l'extension de la *patria potestas*. Ce n'était pas sans regret que le *pater* se voyait privé de son autorité sur la fille qui tombait *in manu*.
Du *trinoctium* résulta le développement des mariages libres.

En découchant trois fois, la fille restera dans sa famille.
Ce ne sera certainement pas l'intérêt de la femme ; mais les
agnats y gagneront. Car la *manus* avait pour effet d'enlever aux

(1) G. c, I, 132.
(2) G. c, I, 111.

agnats toute espérance sur le patrimoine des aïeux. Le *pater*
y gagnera aussi. Il deviendra indirectement l'arbitre du mariage, car c'est de lui que dépendra souvent l'obstacle à l'acquisition de la femme par l'*usus*. De ce fait, il exercera une influence
prépondérante sur le mariage. Il conservera tous ses droits,
sans être astreint à plus de devoirs.

Les poètes comiques nous ont fait toucher du doigt ce
qu'il y avait d'exorbitant dans le maintien de la *patria potestas* sur la fille mariée (1). Et Cassiodore d'écrire en ces termes si énergiques : « Durum libertatem liberam non haberi
» unde libere procreantur » (2).

Ce pouvoir du père de famille sur la fille qui se marie
s'exerce aussi, comme nous l'avons déjà dit, sur le fils de famille qui convole en justes noces. Soumis à la puissance paternelle dans l'intérieur de la famille, les droits de fils citoyen
sont respectés dans la vie publique.

Il semble que cette situation anormale de l'enfant, libre
dans l'exercice des droits civiques et politiques, et sujet de
son père, que peut seule expliquer l'influence d'idées religieuses et aristocratiques aurait dû inspirer aux Romains la
pensée de fonder la *patria potestas* sur les bases du droit naturel. Il n'en fut rien cependant. Mais la prédominance de la
cité et les garanties accordées au citoyen contre l'État et à
l'État contre les citoyens entrèrent en lutte et on en trouve
l'écho dans l'histoire de la *patria potestas*. Pour empêcher les
abus de pouvoir des magistrats et limiter leur autorité, on
attribua à leurs fonctions une durée très courte. On divisa
leurs pouvoirs entre les mains de plusieurs et on laissa suspendue sur leurs têtes, comme une épée de Damoclès, l'accusation publique criminelle. Cette division des pouvoirs, ce

---

(1) Plaute. Stichus, 1, 1. — Ennius, *Cic. ad Heren.* II, 24.
(2) Cassiodore, *Epist.*, 2, lib. 7.

caractère temporaire des magistratures, quoique incompati-
bles avec le fondement de la puissance paternelle, apportèrent
un certain tempérament dans la condition des fils de famille.
Le droit privé emprunta au droit public quelques-unes de ses
règles.

Un point certain, c'est que les pères de famille qui avaient
un droit de correction absolu sur leurs enfants durent, pour
faire acte de pères et de juges, formuler leurs griefs et entendre leur fils avant de les condamner. Cela résulte d'un texte
d'Orose, qui nous raconte que sous le IVme Consulat de Marius, un père fut condamné pour avoir tué son fils : « Quin-
» tus Fabius Maximus filium suum adolescentem relegatum
» cum duobus servis parricidii ministris interfecit, ipsosque
» continuo servos in pretium sceleris manumisit, die dicta,
» Cneio Pompeio accusante, damnatus est » (1).

Comme pour les magistrats, la coutume s'introduisit chez
les pères de famille de se faire assister d'un *consilium* (2). Ce
consilium paraît avoir été surtout appliqué aux femmes dans
le cas particulier où le soin de les juger avait été abandonné
à leur mari (3) Les mœurs avaient du reste créé à l'encontre
des femmes une législation plus sévère. C'est ainsi que, d'a-
près Aulu-Gelle, la femme qui avait bu du vin ou dérobé les
clefs de son mari était punissable.

Le peuple, au contraire, enlevait souvent le *filius* pour les
délits de droit commun à la juridiction du *pater*. Les textes
des historiens nous montrent le père s'entourant des conseils
de ses proches avant de juger son fils. Il est probable que le
père dut appeler les cognats de la femme, dont il pouvait
craindre la vengeance et qui offraient plus de garanties d'im-
partialité (4)

---

(1) Orose, v, 16.

(2) Les rois s'entouraient d'un Consilium. Tite-Live reproche à Tarquin d'avoir
jugé sans l'assistance d'un Consilium (Cicéron, *Pro Roscia*, 1, 8).

(3) Tacite, A*nnales*, XIII, 32.

(4) Aulu-Gelle, x, 23.

Les membres du *consilium* avaient voix délibérative. Tous les auteurs l'admettent, quand il s'agit du *consilium* des magistrats et du *consilium* qui devait juger la femme *in manu* ou *filiafamilias*. M. Gide, dans son étude sur la condition privée de la femme (1), conteste que la convocation du *consilium* fut non moins obligatoire pour le *pater* que pour le détenteur de la *manus*.

Il semble toutefois qu'il est juste de soutenir avec beaucoup d'auteurs, en s'appuyant sur les nombreux exemples que nous offre l'antiquité, la généralité de la coutume et son application aussi bien aux *filii* qu'aux *filiæfamilias*. Les exemples cités par Tite-Live et Salluste (2) ne sauraient être invoqués dans la discussion du *jus vitæ necisque*. Car si Manlius Torquatus, coupable d'avoir combattu et vaincu contrairement aux ordres du consul son père, fut puni de mort, ce fut surtout pour avoir méprisé *consulare imperium et majestatem patriam*. L'exemple des complices de Catilina mis à mort par leurs parents n'est point une preuve, car Salluste nous indique qu'il y eut là un cas exceptionnel et en dehors du droit commun, les dits complices ayant été mis hors la loi (3); Denys d'Halicarnasse, Tite-Live, Valère Maxime, ont relevé certains exemples de l'existence et du fonctionnement du *consilium* (4). Ces auteurs sont unanimes pour constater l'existence de ce *consilium* dans le procès de Spurius Cassius. Souvent le Sénat tout entier est convoqué par le *pater* et c'est autant la décision des pères-conscrits que le jugement du père qui condamne ou qui absout. Le témoignage le plus célèbre est celui que nous donne Sénèque (5).

---

(1) *Loc cit.*, p. 130.

(2) Tite Live, II, 41, VIII, 7, VII, 4. — Salluste, Cat. XXXIX.

(3) Sall. Cat. III, 9. — Den. d'Halic., II, 27.

(4) Tite-Live, I, 49, XXIX, 21. — Valère Maxime, II, 9, 1, VI, 3, 85.

(5) *De Clem.*, I, 25.

T. Arrius sollicite l'intervention d'Auguste dans le *consilium* pour juger son fils accusé de parricide. L'empereur, modifiant la forme du vote, sans en altérer la portée, exigea qu'il fût secret, afin de mieux en assurer la sincérité.

Cette pratique coutumière fut gravement sanctionnée par le droit criminel romain. Le peuple, les censeurs, l'opinion publique, s'érigeaient en juges du bon ou du mauvais exercice de la *patria potestas*. Manlius est cité devant l'assemblée du peuple par le tribun Pomponius pour séquestration illégale de son fils (1). Tite-Live nous a conservé les invectives violentes du tribun flétrissant cette conduite odieuse. « Ce fils encore jeune, exempt de toute faute, il l'a relégué loin de la ville, de sa famille, de ses pénates, privé du forum, de la lumière, du commerce de ses amis et condamné à des travaux serviles, presque dans la prison et le cachot des esclaves. Là ce descendant de grande famille, ce fils de dictateur apprend par les souffrances de chaque jour qu'il a vraiment pour père un impérieux ». Il est vrai de dire que Manlius avait eu recours, pendant sa dictature, à des moyens violents pour faire des levées d'hommes et qu'il avait dû, par suite du mécontentement causé par ses agissements, soit par obligation soit par pudeur, « *seu vi, seu verecundia* », abdiquer la dictature. Peut-être objectera-t-on que la colère du tribun s'exerce sur un homme déchu et que pour mieux dénigrer la vie politique de cet homme, il l'accable dans sa vie privée. L'objection n'est pas nouvelle ; mais la façon particulière avec laquelle le tribun force le tableau témoigne bien que la jurisprudence des censeurs s'était arrogé un droit de contrôle.

Quintus Fabius est appelé devant les comices pour avoir tué son fils à la campagne, avec la complicité de deux esclaves. Les censeurs interviennent pour diriger l'impulsion

---

(1) Tite-Live, VII, 4.

donnée par le père à l'éducation de son fils. C'est du moins
ce que laissent deviner certains textes du Digeste (1) et de la
vie de Caton, de Plutarque (2). On ne saurait toutefois accorder
trop de crédit à ces monuments qui ne se rattachent qu'indirectement à la question. Qui ignore les théories rigoureuses
de Caton le censeur ? N'estimait-il pas que battre un enfant
c'était commettre un aussi grand sacrilège que de violer ou
de piller les plus saintes choses du monde ? Si comme le
commande la logique, on est persuadé que ses actes furent
en harmonie avec ses principes et si l'on en conclut qu'il
appliqua dans l'exercice de sa juridiction censoriale les idées
qui lui étaient si chères, n'est-on pas amené à en déduire le
caractère moral et salutaire de l'intervention du censeur dans
la jurisprudence paternelle ?

Nous avons dit que le père de famille concentrait en ses
mains tous les droits souverains. Lui seul a le droit d'autoriser le mariage de ses enfants. L'usage s'introduisit que la
mère put intervenir. Et quoique théoriquement exclue de la
magistrature domestique et de toutes les fonctions, épouse
in manu, soumise à la même autorité que ses enfants dont aux
yeux de la loi elle est la sœur, elle n'en conserve pas moins
au sein même de la famille un certain ascendant et un certain
prestige. Elle n'est point, comme la femme grecque, réduite à
être courtisane et à vivre enfermée au fond du gynécée. Son
caractère de matrone lui laisse toute noblesse et toute
dignité (1). A qui donner la première place dans la maison,
si ce n'est à la mère ? s'écrie Cornélius Népos. Les licteurs
abaissent leurs faisceaux quand ils passent devant une femme.
Il y avait dans la famille romaine, dit Columelle, le plus
grand respect et le plus grand amour. « *Erat enim summa*
» *reverentia, concordia et diligentia.* » L'épouse de Scipion

---

(1) On lit, dans ces textes, que l'infamie frappe le *pater* qui a forcé sa fille à se
remarier pendant les 10 mois de viduité, tandis qu'elle n'atteint pas celui qui a
épousé une femme dans ces conditions sur l'ordre du père (Édit du Préteur).
(2) Caton chassait Manlius du Sénat parce qu'il avait embrassé trop amoureu-
sement sa femme en présence de sa fille.
(3) Gide, 108, 109.
(4) Columelle. *De re rusticâ.* — Savigny. Droit romain, chap. 1, p. 338, t. 2.

l'Africain se plaint de ce que son mari ne l'a point consultée pour fiancer sa fille à Gracchus (1).

Le citoyen obligé de passer sa vie au forum ou à la guerre délègue à la mère une part de son autorité. Cornélie, mère des Gracques, Aurélie, mère de César, Atia, mère d'Auguste, présidèrent à l'éducation de leurs enfants et en eurent bientôt formé les premiers hommes de leur siècle (2).

---

(1) Tite-Live, 38-37.
(2) Tacite, *de oratore*.

CHAPITRE III

DE L'EMPIRE PAÏEN

Dans le cours du second siècle avant Jésus-Christ, les idées, les mœurs, les institutions de Rome subirent une transformation profonde. Ce grave changement fut surtout l'effet des conquêtes qu'elle venait d'opérer. Du jour où elle étendit son empire hors de l'Italie, elle entra en contact avec des peuples souvent plus policés qu'elle. Les succès de Rome firent affluer dans la ville des richesses jusqu'alors inconnues. Le Trésor se remplit et bientôt déborda. Les fortunes privées s'accrurent et des besoins nouveaux prirent naissance. Le luxe commença à s'étaler et les mœurs se corrompirent. L'antique Constitution romaine en fut ébranlée et les fortes assises de la famille, si florissantes au sein de Rome laborieuse et prospère tant qu'elle resta la petite ville des Quirites, subirent le contre-coup de ce nouvel état moral et social. La décadence morale dont Polybe, malgré son admiration pour les Romains, a fait un si juste et si pittoresque tableau, entraîna le relâchement de la vie de famille. On vit augmenter d'année en année le nombre des célibataires et le nombre des divorces. Des désordres de tout genre souillent le foyer domestique. Dans la famille démoralisée, l'enfant devient un obstacle gênant. Le droit d'exposition est de plus en plus pratiqué. On laisse souvent périr les enfants sans se préoccuper du déshonneur attaché autrefois au nom de celui qui ne laissait pas d'héritier. Ovide

a pu dire que de son temps il était rare de trouver une femme
qui voulût être mère :

Raraque in hoc œvo quæ velit esse parens.

Pour enrayer la corruption des mœurs, pour relever le
mariage affaibli par le nombre des divorces, Auguste frappe
de peines et de déchéances les célibataires. Les lois Julia,
de adulteriis, et Pappia Poppea, *de maritandis ordinibus*, attes-
tent la décadence des anciennes institutions. L'adultère
devient un délit public. Le mari est forcé de répudier sa
femme sans pouvoir faire usage du droit de vie ou de mort.
Le fils de famille pourra lui-même seul intenter ce *crimen
publicum* (1). On permettra cependant au père de tuer sa fille
surprise en flagrant délit d'adultère. La loi Pappia Poppea,
en imposant l'obligation du mariage, contribuera quelque
peu à l'affranchissement des enfants. Sous la menace des
peines qui atteignent le *cœlebs,* il est vraisemblable de penser que le fils de famille obligera son père à consentir à son
mariage. A défaut du consentement paternel, interviendra
l'autorisation du magistrat. La fille de famille obtiendra une
dot avec le consentement du magistrat.

La *patria potestas* est déjà considérablement affaiblie. On
rencontrera bien encore sous Tibère et sous Néron des exemples de la juridiction domestique du *pater ;* mais ces exemples
seront l'exception et ils seront surtout fournis par les empereurs
détournant l'antique institution de son vrai but et se servant
du vieux principe pour essayer de justifier leurs cruautés et
leurs excès. Qui ne connaît l'histoire de Pomponia Graccina?
Tacite raconte que Plautus, au retour de son voyage en
Bretagne, reçut l'ordre de Néron de traduire devant ce
prince sa femme Pomponia Graccina, accusée de supersti-

(1) D. 48, 5, 32.

tion étrangère. Plautus résista à la volonté de l'empereur, et avec l'assistance de ses proches, il ne craignit pas d'absoudre sa femme. Dion Cassius expose que Domitien fit tuer un certain nombre de ses cognats. Mais, ajoute l'historien, s'il invoque les droits attachés à la *patria potestas,* c'est pour mieux dissimuler son crime. Que devient donc la puissance paternelle au II° et III° siècles, à l'âge d'or de la jurisprudence classique ? A cette époque, le droit naturel avait fait de notables progrès et les idées de Sénèque semblaient devoir trouver un écho dans l'opinion publique. Pourquoi la *patria potestas* ne se reconstituera-t-elle pas sur de nouvelles bases ? Pourquoi suivra-t-elle une évolution si lente ? C'est que les jurisconsultes classiques mettront un soin jaloux à concilier les traditions de Rome avec les idées nouvelles.

A leur sens, c'est moins comme conséquence d'un droit de propriété que dans un but unitaire et religieux, que la puissance paternelle a été établie. « *Paterfamilias appelatur qui in domo dominium habet, recteque hoc nomine appelatur quamvis familiam non habeat non enim solam personam ejus et jus demonstramus* (1). » On peut être *pater* et n'avoir pas d'enfant. Le *pater,* c'est le *sui juris,* celui en qui se résume toute la capacité de la famille, et le mot famille est entendu dans son sens le plus large. Lui seul a une personnalité. La personnalité des enfants n'existe presque pas. Il est toujours maître absolu de son droit, qu'il peut transmettre à autrui, en donnant son enfant en adoption, en l'émancipant, en louant ses services, et en faisant abandon noxal, pour échapper à des actions pécuniaires. Il peut donner à ses enfants un tuteur par testament.

Cette puissance est toujours perpétuelle. Elle ne disparaît qu'avec la qualité de citoyen, par une *capitis deminutio.*

_____

(1) D. lib. 50, t. XVI, l. 165, p. 2.

Tous les biens acquis par les enfants s'absorbent dans son patrimoine. Il exerce tous leurs droits ; il est responsable des faits délictueux dont ils se rendent coupables, jusqu'à concurrence de l'abandon noxal ou du paiement de l'amende.

Son droit de garde est absolu, et si l'enfant a quitté volontairement la résidence qu'il lui a assignée, si on l'en a fait sortir, les lois mettent à sa disposition les moyens de faire ramener l'enfant.

La voie de la revendication lui est ouverte, sous réserve de quelques modifications dans la formule, pour témoigner que ce n'est point une chose mais une personne qu'il revendique. A lui, l'action préjudicielle, les interdits de *liberis, ducendis* et de *liberis exhibendis* et la *cognitio extraordinaria.*

La personnalité du fils de famille se manifeste néanmoins en maintes circonstances de la vie juridique, plus encore que celle de l'esclave. C'est ainsi que son consentement est nécessaire pour l'adoption (1). Le père ne doit point lui faire subir de mauvais traitements. « Patria potestas in pietate non in atrocitate consistere debet (2). » La puissance doit être faite de tendresse et de protection. Les mœurs s'adoucissent. Plus d'exposition d'enfants ; car, exposer dans un lieu public un enfant pour exciter une pitié qu'on n'a pas soi-même, c'est commettre un assassinat, comme si on tuait cet enfant (3). La législation des empereurs contemporains des jurisconsultes, se ressent des idées nouvelles. Ces princes étendent les restrictions que la loi et les mœurs avaient introduites. Sénèque raconte que de son temps un chevalier

---

(1) D. 1, 7, 6. Paul. Sent. 2, 25, 5.
(2) Paul, D. 25, 3, 4.
(3) Paul, D. 25, 3, 4.

romain, ayant fait mourir son fils en lui infligeant des châtiments trop cruels, fut poursuivi à coups de poinçons dans
le Forum par le peuple indigné.

Depuis Trajan, le père qui maltraite son fils est obligé de
l'émanciper, et il perd les droits de succession qui lui appar-
tenaient en qualité de *parens manumissor* (1). Quelques années après, Adrien condamne à la déportation un père qui
avait tué son fils à la chasse. Il est vrai que le fils s'était
rendu coupable d'adultère avec sa belle-mère et qu'au lieu de
le traduire devant le tribunal domestique et de le juger suivant la coutume, *adhibitis propinquis et amicis,* le père avait
profité d'une chasse à laquelle son fils assistait, s'était em-
busqué et avait tiré sur lui. Et Adrien ajoute : « Quod la-
» tronis magis quam patris jure filium interfecit. » Mais ce
ne sont là que de timides restrictions, et nulle part l'empereur ou le jurisconsulte qui rapporte le fait n'invoque ce motif que le père n'avait pas le droit de tuer son fils.

Alexandre Sévère limite le droit de correction du père à
des punitions bénignes sous le contrôle du président de la
province (2). Lorsque la faute du fils rend nécessaire un châ-
timent un peu grave, le père s'adressera aux magistrats:
« Filium si pietatem patri debitam non cognoscit castigare jure
» patriæ potestatis non prohiberis ; acriore remedio usurus si
» in pari coutumacia perseveraverit eumque præsidii provin-
» ciæ oblaturus dicturo sententiam quam tu quoque dici vo-
» lueris. » (3) Les derniers mots du texte : « quam tu quoque
» dici volueris » paraissent exiger le concours des volontés
du père et du magistrat pour la prononciation de la peine
contre l'enfant. Paul parle du droit de vie et de mort comme
d'une coutume abandonnée, et Ulpien dit que les droits de

_____

(1) D. L. 5. *Si a parente quis manumiss.* xxvii, 12.
(2) L. iii. C. *de pat. potest.,* viii, 7
(3) D. 48. 8. 2.

justice du père avaient été donnés au magistrat. L'exposition
des enfants à Rome et dans les provinces est réprimée par
Trajan et Marc-Aurèle. Ce dernier prince consacre par sa
législation les règles déjà établies par Antonin le Pieux, d'a-
près lesquelles le *pater* ne sera plus autorisé désormais à dissoudre le mariage de ceux qui sont sous sa puissance. Il
permet au fils du *mente captus* de se marier librement : « Dis-
» sientis patris qui initio consensit matrimonio eum marito
» concordante uxore filiafamilias. Ratam non haberi volun-
» tatem divus Marius pater religiosissimus imperator consti-
» tuit : nisi magna et justa causa interveniente pater fece-
» rit (1). » Aux termes d'un rescrit de Maximien et Dioclé-
tien, une fille exhérédée par son père, uniquement à cause
de l'irritation qu'elle lui aurait causée en refusant de rompre
un mariage bien assorti, aura le droit d'intenter la plainte
d'inofficiosité (2). Enfin, il est sans conteste qu'à l'époque
d'Ulpien, le père ne pouvait plus, dans aucune circonstance,
envoyer le *divorcium* à ses enfants contre leur volonté: «Certo
» jure utimur ne bene concordantia matrimonia jure patriæ
» potestatis turbentur (3). »

Antonin le Pieux autorise une femme à conserver la garde
de son enfant, malgré une réclamation du père par la voie de
l'*interdictum de liberis exhibendis,* et ce pour le plus grand intérêt de l'enfant. Pour la première fois, le droit de la mère
est reconnu. Le même prince reconnaît encore à la mère le
droit d'intervenir concurremment avec les agnats pour choisir
un mari à sa fille (4).

Le droit naturel pénètre de plus en plus dans les mœurs et
se manifeste par toutes les décisions particulières des empe-

---

(1) C. 5, 17, 5.
(2) C. 5, 4. 11, Hermog. D. 43. 32.
(3) D. 43, 30, 1, p. 5.
(4) C. 5, 4, 1.

reurs. Déjà compris par les jurisconsultes des IIe et IIIe siècles, nous le verrons se développer de plus en plus sous la législation des empereurs chrétiens, et ainsi se justifiera l'intérêt que nous avons attaché à l'histoire de la *patria potestas* au frontispice même de cette étude. Cette autorité aura changé de fondement. Produit d'une constitution politique et religieuse des premiers siècles, d'un caractère exclusif et aristocratique, elle deviendra plus accessible et plus humaine. Nous ne reconnaîtrons plus sous Justinien la *patria potestas* des vieux Quirites.

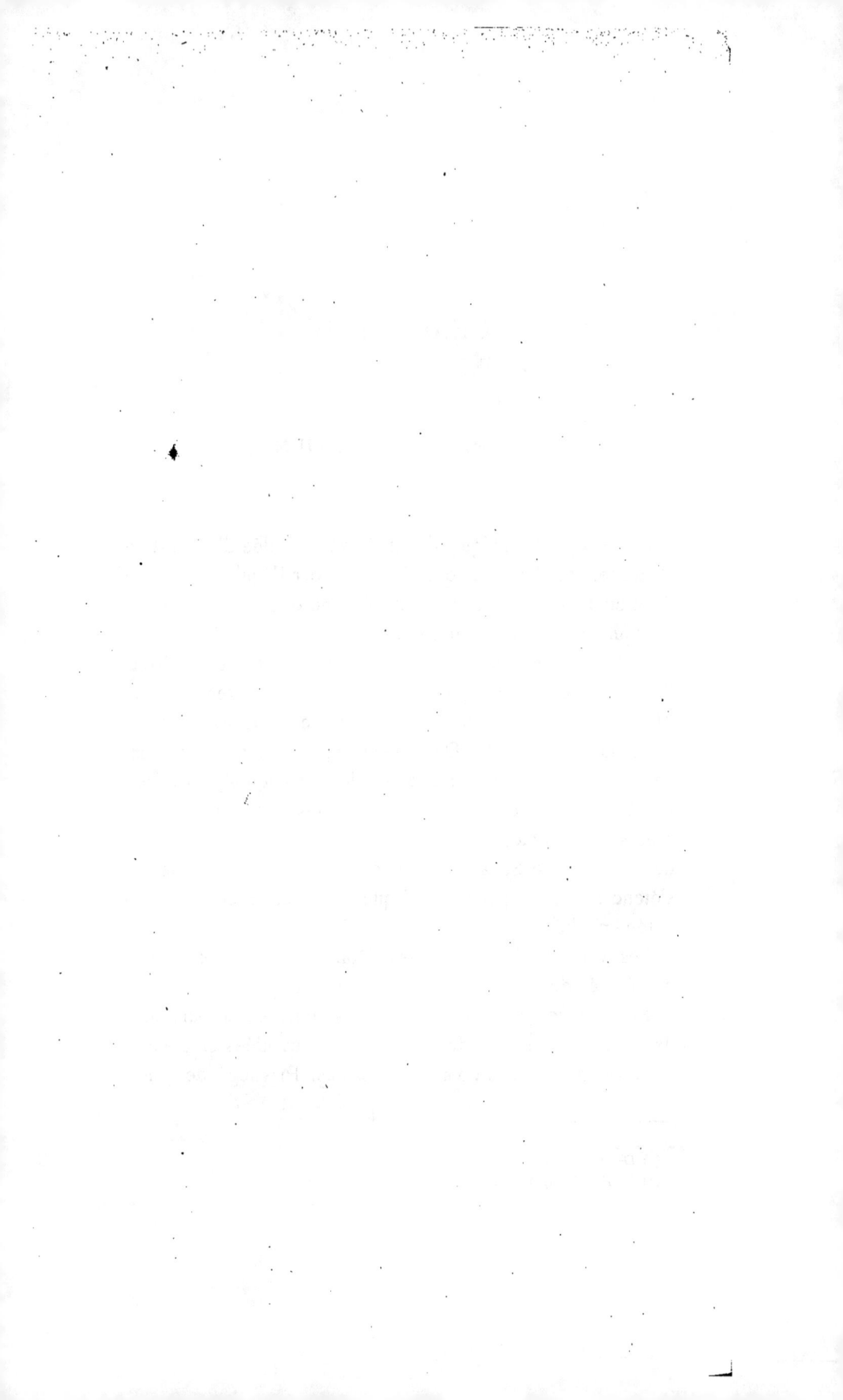

CHAPITRE IV

L'EMPIRE CHRÉTIEN

L'esprit philosophique s'était élevé à l'idée d'une justice abstraite, supérieure, qui devait placer l'équité à côté du droit civil. Sous l'influence du stoïcisme et de la philosophie grecque, la foi en la religion des ancêtres, dans les institutions étroites de l'époque primitive, s'était ébranlée. Cicéron, l'un des génies les plus universels de son temps, avait déclaré : « qu'il ne faut point aller chercher la source et la règle du droit dans les Douze-Tables, mais dans les profondeurs de la raison » (1) ; « que la loi est l'équité, la raison suprême gravée dans notre nature, inscrite dans tous les cœurs, immuable, éternelle, dont la voix nous trace nos devoirs, dont le Sénat ne peut nous affranchir, dont l'empire s'étend à tous les peuples, loi que Dieu seul a conçue, discutée, publiée » (2).

Les jurisconsultes classiques s'étaient inspirés des principes élevés du stoïcisme, qui proclamait le gouvernement de la Providence, la parenté de tous les hommes, la puissance de l'équité naturelle. Malheureusement ces idées si grandes ne devaient pas être comprises de tous. Privilège des âmes

---

(1) *De legibus*, I, 5.
(2) *De Republica*, III, 17.

·d'élite, elles se renfermaient dans un cercle trop restreint pour
s'étendre et rayonner sur tout le droit. Nouveautés hardies,
elles devaient rester longtemps encore dans le domaine de la
spéculation. Ce n'était point assez pour révolutionner la société
romaine, pour détruire des traditions si profondes qui avaient
laissé dans l'âme de tout un peuple des racines si vivaces,
pour arracher ce peuple à ses habitudes de corruption et d'in-
humanité, de quelques esprits supérieurs s'élevant sur les
ailes de l'intelligence vers les sphères sublimes de l'idéalisme
et de la suprême raison. Il fallait une philosophie plus pratique, possédant tous les principes de justice et de progrès que
renfermaient les diverses écoles philosophiques qui divisaient
les esprits cultivés de la société païenne, s'adressant non pas
seulement aux intelligences élevées, mais à toutes les intelligences, leur parlant un langage facile, qui, s'il ne frappait la
raison, saurait au moins remuer les fibres du cœur. Il fallait
apporter à une société décadente, outre les principes, leur
application immédiate dans toutes les classes de la société.—
Tel fut le principal caractère de la révolution chrétienne.
Plus large, plus courageuse, plus humaine encore que la philosophie stoïcienne, la religion nouvelle allait se propager
avec une grande rapidité, parce qu'elle était surtout une religion de charité, parce qu'elle s'adressait aux déshérités, aux
malheureux, aux petites gens, et leur parlait des droits que
les grands devaient respecter (1), et, enfin, parce qu'elle était
une religion universelle. Sénèque avait proclamé que la patrie
est une seule famille dont nous sommes tous membres ; le
christianisme proclamait non pas seulement la parenté, mais
la fraternité et la solidarité universelles (2).

---

(1) Tertullien. *De testim. animae*, 1.
(2) Troplong. *De l'influence du christianisme sur le droit civil des Romains*, p. 59.
De tous les philosophes antiques, Marc-Aurèle est celui qui a le mieux compris

Le cosmopolitisme, qui est l'amour de l'humanité dans sa plus large acception, succédera donc aux haines des cités, et le christianisme ne fera abstraction ni de Grecs, ni de barbares, ni de savants, ni de simples, ni de juifs, ni de gentils. Cette loi nouvelle, qui vient rajeunir l'humanité, n'a pas pour but de renverser l'autorité des puissances établies. Aux maîtres, elle commande la douceur et l'équité envers les serviteurs ; aux pères, elle dit de ne pas irriter leurs enfants, mais elle ne brise pas violemment les institutions consacrées par le temps. Elle proclame que tous les hommes sont égaux et que l'esclavage est contraire au droit naturel; mais elle ne soulève pas l'esclave contre le maître. Elle veut que l'autorité paternelle soit un pouvoir de protection, mais elle ne prêche pas aux enfants la révolte contre leur père. Elle apporte dans la famille des idées nouvelles d'union, d'amour, de charité (1).

Le genre humain tout entier n'est qu'une famille par l'unité de race et par le devoir de la charité fraternelle. Toutes les nations du monde procèdent de la famille, et la famille elle-même est l'œuvre de Dieu, qui a créé l'homme et la femme, qui les a unis par les liens du mutuel amour et de l'obéissance commune à la loi de leur auteur. Auteur lui-même, le père exerce de droit divin son autorité sur les générations nées de lui. De là, la société domestique avec sa législation, son pouvoir, avec la double obligation de justice et de charité, imposée à ceux qui commandent comme à ceux qui obéissent (2).

---

et exprimé la fraternité humaine. Aime les hommes d'un amour véritable, dit-il dans ses Pensées. Ce n'est pas assez de pardonner, il faut aimer ceux qui vous offensent. Cet admirable langage ne témoigne-t-il pas, suivant l'expression de Tertullien, d'une âme que la nature avait faite chrétienne ?

(1) Saint-Paul, *Ep. aux Romains*, I, 14 ; *aux Ephésiens*, II, 6 ; *aux Corinthiens*, VII. 21, 22.; *aux Romains*, XIII, 1.

(2) Charles Périn, professeur de droit public et d'économie politique à l'université de Louvain ; *les lois de la société chrétienne*, p. 335.

Le mariage n'est donc plus une institution exclusive et étroite, les droits de famille des droits privilégiés, la *patria potestas* un monopole. Le mariage devient un sacrement accessible à tous, aux petits comme aux grands ; le caprice et l'arbitraire ne doivent plus présider, ni à la formation ni à la dissolution de l'union conjugale. Elle sera indissoluble ; l'autorité paternelle appartient à l'esclave comme au citoyen. C'est le règne de l'égalité qui commence. C'est l'ordre divin qui règle les rapports entre l'époux et l'épouse, entre le père et le fils. Dieu, qui a conféré à l'homme la paternité, lui a donné par cela même sur ceux qui sont sortis de lui, le pouvoir avec ses droits et surtout avec ses devoirs. La mère partage avec le père le gouvernement de la famille et les soins de l'éducation des enfants. Dieu a dit à tout homme : Honore ton père et ta mère. Auteurs l'un et l'autre de la vie de leurs enfants, ils ont tous deux leur part dans l'exercice de la puissance paternelle. Tous deux sont pour leurs enfants les ministres de la justice et de l'amour, de telle façon pourtant que la justice appartient spécialement au père, l'amour spécialement à la mère. La femme est en toute chose l'aide de l'homme, semblable à lui-même, mais point absolument son égale (1). Elle doit être soumise à son mari, comme il est raisonnable en ce qui est selon le Seigneur. Les enfants doivent obéir à leur père et mère, car cela est agréable au Seigneur. Les pères ne doivent ni violenter leurs enfants, ni leur enlever la fierté de l'âme (2), ni les irriter, mais les élever en les corrigeant et les instruisant selon la doctrine de l'Evangile (3).

De si puissantes doctrines ne devaient pas manquer de porter leurs fruits. Ce serait une erreur de croire cependant

---

(1) Paul, *Cor.*, xi, 8, 9, 11, 12.
(2) Paul, *Epist. Cor*, iii. 18 à 21.
(3) Paul, *ad Ephes.* vi.

qu'elles allaient complètement révolutionner le droit. Sous les empereurs chrétiens eux-mêmes, les antiques institutions ne disparurent point sans résistance. Les révolutions ne s'opèrent pas en un jour ; c'est par une évolution lente, progressive, que se manifestent les transformations dans l'état juridique d'une société. On ne brise pas tout d'un coup les institutions que la force de l'habitude tend à maintenir. Le Christianisme avait à lutter contre l'esprit de tradition, si profond chez les jurisconsultes, et contre tous les obstacles que leur génie avait accumulés autour de la *patria potestas* et du mariage (1).

Ce n'était certes pas sans un secret plaisir que la jeunesse voyait éclore et se développer cette théorie nouvelle : on accusait les apôtres chrétiens de prêcher la révolte et l'indiscipline dans la famille (2). Aussi les pères de famille essayaient-ils de réagir contre ce mouvement, dont l'importance ne pouvait échapper à personne et qui menaçait d'emporter leurs privilèges d'autrefois. Néanmoins, cette réaction était loin de se manifester par l'application des mesures rigoureuses et barbares au moyen desquelles, armé de la *patria potestas* des premiers siècles, le père aurait vengé, le fer en main, l'injure faite au culte des aïeux et le mépris de l'autorité paternelle. Les pères se contentaient de déshériter leurs enfants ; les mœurs étaient devenues plus douces. Le droit de vie et de mort n'existait guère plus qu'en souvenir, et on était bien loin de l'époque où Brutus mettait à mort son fils resté fidèle aux tyrans, et où Manlius Torquatus, coupable d'avoir combattu et vaincu, contrairement aux ordres du consul son père, était condamné à la peine capitale pour avoir méprisé « consulare imperium et majestatem patriam » (3). Lorsque l'em-

---

(1) Thèse de M. Digard, 1882, Paris, p. 44.

(2) Origène contre Celse, Liv. III § 55.

(3) Voy. Tite-Live, 7, 8.

6

pire devint chrétien, lorsque fut rendu le célèbre édit de
Milan, qui marque une étape nouvelle dans l'histoire des institutions et du droit, la religion du Christ ne dominait pas
encore la société. Toutes les innovations de l'époque portent cependant l'empreinte de l'esprit chrétien.

Aux termes d'une constitution de Constantin, le père meur-
trier de son fils doit subir la peine du parricide (1). Ce prince
rappelle que, même à l'époque où le *jus vitæ necisque* était admis,
on n'avait jamais autorisé le père à enlever la liberté à son enfant (2). On ne saurait nier les efforts que fit Constantin pour la
protection de l'enfance. Au droit de vie et de mort se rattache
une coutume barbare que l'on retrouve chez les peuples anciens et contre laquelle le législateur ne paraît avoir pris que
fort tard des mesures répressives. Je veux parler de l'exposition des enfants. S'il était nécessaire de rappeler combien
cette habitude cruelle était entrée dans les mœurs, on ne serait
embarrassé que par la multiplicité des témoignages. Les écri-
vains citent de nombreux exemples de pères qui, pour se
décharger du soin d'élever et de nourrir leurs enfants, les
abandonnent dans des endroits solitaires où ils ne tardent pas
à mourir, ou les exposent dans des endroits fréquentés, afin
que la charité publique, ou mieux la cupidité des marchands
d'esclaves, les recueille. Ces récits sont parfois l'occasion
d'éloquentes protestations ; mais le désordre des mœurs et la
misère des temps restent plus forts que la morale des philosophes. Le jurisconsulte s'indignait. Il comparait volontiers
la conduite du père qui exposait son enfant à celle de l'as-
sassin qui le tue (3) ; mais dans le *consistorium* impérial il

---

(1) Loi unic. *Code de his qui parent. vel lib. occid.* L. IX. 17.
(2) Code, lib. VIII. 17.
(3) L. 4. D. *agnosc. et alend., lib.* xxv, 3 fr. Pauli.

n'osait proposer une mesure de rigueur pour réprimer les abus qu'il condamnait.

Après avoir essayé, dans un but tout politique (1), de réglementer le mal, le législateur s'était arrêté comme effrayé par son étendue et paraissait avoir renoncé à sévir. Faut-il dire qu'il avait vu dans l'exposition des enfants une conséquence de la puissance paternelle (2), et qu'il permettait au père d'abandonner son enfant nouveau-né comme au propriétaire d'abdiquer le *dominium* sur sa chose ? Nous ne l'avons pas admis. Cet usage ne fut jamais, à notre avis, un droit véritable pour le père. Il faut y voir bien plutôt un fait que l'on aurait été disposé à réprimer s'il n'avait trop souvent trouvé une excuse dans la misère publique et si d'ailleurs la vie de l'enfant nouveau-né n'avait pas toujours paru aux anciens peu digne de la protection des lois.

Athénagore avait qualifié cette exposition de parricide. Tertullien et Lactance protestaient avec la dernière énergie contre « l'impiété qu'il y avait à faire mourir des enfants nouveau-nés (3). Constantin, le premier, essaya de mettre un terme à ces abus. En 315, le premier César chrétien rendit pour l'Italie l'édit suivant : « Que toutes les villes d'Italie aient connaissance de cette loi, dont le but est de détourner la main des pères du parricide et de leur inspirer de meilleurs sentiments. Si donc quelque père a des enfants auxquels sa pauvreté l'empêche de donner des aliments et des vêtements, ayez soin que notre fisc et même notre domaine privé leur en procurent sans délai, car les secours à donner aux enfants qui viennent de naître ne comportent pas de retard (4). En 322, cet édit fut étendu à l'Afrique, où la coutume de l'exposition des enfants s'était répandue dans d'effroyables

---

(1) Denys d'Halic. ii. 15. *Antiq.*
(2) En ce sens, Maynz, iii, p. 86, note 25.
(3) *Apologét.*, p. 9. Tertullien. *Divin. inst.* L. vi, c. 20, Lactance.
(4) L. C. Théod., *de alimentis quæ inopes parentes.*

proportions. Ces mesures administratives ne ~uffisaient pas pour porter remède à un pareil fléau. Il était nécessaire de recourir à des moyens plus énergiques. La nouvelle réforme fut cependant assez timide.

Constantin ne punit pas les parents coupables d'exposer leurs enfants ; mais pour sauver les nouveau-nés il déclare qu'à l'avenir l'enfant exposé passera sous la puissance du tiers qui l'a recueilli, et ce tiers traitera l'enfant comme son fils ou son esclave suivant qu'il en aura exprimé l'intention dans un acte dressé devant des témoins ou signé par l'évêque du lieu (1). Il autorise la vente de l'enfant *adhuc sanguinolentus ;* mais le père aura la faculté de le réclamer même après la conclusion du marché s'il en paie le prix ou s'il procure à l'acheteur un autre esclave (2). Par les dispositions prises par l'empereur chrétien, la liberté du nouveau-né est sacrifiée, mais sa vie est à l'abri de tout danger. Plus tard Théodose crut devoir revenir aux anciens principes d'après lesquels la liberté était inaliénable (3) et décida que l'enfant recueilli pourrait toujours recouvrer sa liberté sans même être obligé d'indemniser son père nourricier (4). Valentinien III revint au système de Constantin.

Théodose le Jeune introduisit dans le droit romain un principe nouveau. La mère qui jusque-là n'avait en rien participé à la *patria potestas* fut admise à exercer le droit de garde. Une constitution rendue à Milan le 12 des Kalendes de l'an 390 permit à la mère d'être tutrice « si le père n'avait pas désigné de tuteur testamentaire, s'il n'existait pas de tuteur légitime et si elle s'engageait à ne pas se remarier (5). N'était-

---

(1) L. 1. C. Théod., *de expositis.* vii, 5.
(2) L. 1. C. Théod., *de his qui sanguinolentos.*
(3) V. Paul, *Sent.* v, 1, 1.
(4) L. un. Théod., *de pat. qui filios distrax.* iii. 3.
(5) L. 4. C. *sor. de tutela.*

ce pas une innovation profonde que celle qui ne considérait plus la tutelle comme un *munus publicum* dont les femmes étaient exclues ? N'était-ce pas une innovation en harmonie avec le beau rôle que les mœurs chrétiennes attribuent à la veuve qui honore son veuvage par le soin de ses enfants et la charité envers les pauvres ?

En même temps, Théodose modifie la législation sur le mariage. Désormais les enfants *sui juris* au-dessous de 25 ans ne pourront plus se marier sans le consentement de leur père, à défaut du père, de leur mère ou des proches parents.

En cela, il sanctionnait peut-être une coutume déjà existante. En prohibant le divorce par consentement mutuel, il faisait valoir cette raison de droit naturel « que la protection due aux enfants doit rendre la dissolution du mariage plus difficile que sa conclusion. » (1) En édictant des peines sévères et des déchéances pécuniaires contre les époux coupables de divorce *injustum*, il ordonne que l'époux innocent conserve les biens qui lui sont acquis et qu'il gagne à titre de peine pour les enfants issus du mariage (2). Une constitution célèbre consacre l'intervention des évêques comme chefs du pouvoir spirituel pour protéger la moralité de l'enfance.

Les pères qui ont favorisé le désordre de leurs enfants ne doivent plus jouir d'une puissance dont ils abusent, mais la transmettre à autrui. Il sera permis aux esclaves, aux filles, aux servantes de recourir aux évêques, même aux juges et aux défenseurs de la cité et de se faire libérer des liens qui avaient été la cause de ces misères (3). N'est-ce pas là une véritable déchéance de la puissance paternelle que nos lois modernes n'ont pas répudiée et dont la loi du 24 juillet 1889 a consacré l'expression sous le chef d'inconduite notoire ?

---

(1) Nov. 17. Théod. et Valent. C. v. 17, 18.
(2) L. 8, p. 4, 5, 7, C. v. 13.
(3) L. 6. C. 1. xi, t. 40.

Justinien continue et termine la politique du droit naturel et de l'équité. L'égalité s'empare des personnes et des choses. Elle efface les différences entre tous les affranchis et nivelle les rangs libres en même temps qu'elle améliore le sort des esclaves. Les liens de parenté se modifient; l'émancipation cesse de rompre le nœud de la famille. Désormais plus de distinction entre la parenté masculine ou agnate et la parenté par les femmes ou cognate. C'est la dissolution de la constitution factice de l'antique famille romaine. On acquiert la *patria potestas* par les justes noces. L'adoption modifiée ne peut plus nous faire acquérir la puissance. L'adopté reste dans sa famille s'il n'est pas adopté par un ascendant. La légitimation change de caractère. Elle n'est plus resserrée dans des règles étroites. Elle devient un moyen de réparer une faute commise et de donner aux enfants naturels le bénéfice de la puissance paternelle. Justinien, qui n'abolit point le divorce, en règle l'exercice dans l'intérêt des enfants. Le juge aura le pouvoir de décider que l'époux innocent, quel qu'il soit, aura la garde des enfants (1) et le conjoint coupable qui aura causé le divorce sera déchu de la *patria potestas*. Les enfants issus du concubinat ont droit à la même protection, et leur mère pourra en avoir la tutelle si elle prend l'engagement de ne pas se marier et si le père n'a pas eu le soin de choisir lui-même un tuteur testamentaire (2). Tout ce qui restait de la puissance paternelle, dans le dernier état de la législation de Justinien, dit Muirhead, n'était que ce qui est sanctionné dans la plupart des systèmes actuels comme conséquences naturelles du lien paternel.

Toutes ces dispositions législatives ne démontrent-elles pas l'influence exercée par les idées chrétiennes dans l'esprit des princes du Bas-Empire? Sans doute, elles ne sont pas en com-

---

(1) L. 3. C. *quando mulier*, liv. 5, t. 35.

(2) Muirhead, *Droit privé de Rome*, p. 526.

plète harmonie avec la pure doctrine de l'Evangile. Le concubinat, le divorce, la législation sur les enfants exposés, les timi-
dités, les hésitations manifestées par des mesures incertaines,
tout cela ne cadre point avec la morale qu'avaient prêchée saint
Paul et les Apologistes chrétiens ; mais la législation du Bas-
Empire porte l'empreinte d'un esprit nouveau. Cet esprit la
pénètre, la vivifie et on se rend bien compte, en l'étudiant,
de la distance qui sépare le génie du christianisme du génie
du stoïcisme. L'Evangile a transporté des sphères sereines
de l'intelligence dans le domaine de la pratique les grandes
idées de droit naturel et de justice développées avec tant de
talent par les philosophes stoïciens et surtout par celui que
les apologistes chrétiens appellent : *Seneca noster*. Il a huma-
nisé les masses et fait pénétrer dans leur sein un souffle nouveau, étendu le domaine de l'égalité civile, de l'humanité et
de la liberté, abaissé les murs de séparation entre les hommes
et spiritualisé une vie vouée au matérialisme (1).

---

(1) V. Troplong. Ouvrage cité.

———

CHAPITRE PREMIER

DE LA DÉCHÉANCE DE LA PUISSANCE PATERNELLE

ET DE LA PROTECTION DES ENFANTS MALTRAITÉS
OU MORALEMENT ABANDONNÉS
AVANT LA LOI DU 24 JUILLET 1889

Les rédacteurs du Code civil, après avoir nettement posé le principe que l'autorité paternelle est un pouvoir de protection (elle avait ainsi été définie dans l'exposé des motifs par Réal), auraient dû, semble-t-il, consacrer toutes les conséquences qui devaient logiquement découler d'un tel principe. Il n'en est rien, cependant, et sous l'empire du Code, cette institution a toujours conservé le caractère d'un droit privilégié des père et mère, auquel le législateur ne porte atteinte qu'avec une extrême réserve, même pour le plus grand bien de l'enfant et de la Société. Il avait présumé que les parents n'useraient jamais de leurs droits que dans un intérêt d'affection, et grâce à cette présomption facile, il a évité de régler toutes les questions que soulèveraient l'indignité, l'incapacité du chef de famille, en dehors des cas d'interdiction.

L'expérience l'a démontré. Il ne faut pas toujours compter

10

sur la tendresse paternelle et maternelle, inspirée pourtant par la nature et fortifiée par les devoirs de la conscience.

Quelles conséquences auront l'inconduite , l'indignité , l'abandon du foyer domestique ? Quels moyens de protection le Code offrait-il aux enfants maltraités ou moralement abandonnés ?

Et tout d'abord n'existe-t-il pas certaines situations juridiques où l'indignité du chef de famille éclate à tous les yeux ?

Un individu a été condamné pour crime ou pour délit. Les articles 34 et 42 du Code pénal lui enlèvent ou permettent aux juges de lui enlever une grande partie de ses droits dans la société. Il est désormais ou pour un certain temps exclu de toutes fonctions, emplois ou offices publics. Il est frappé de nombreuses incapacités. *Quid* de ses droits de famille ? S'il a encouru une peine afflictive et infamante, sa situation de famille pourra être modifiée, si sa femme demande la séparation de corps ou le divorce ; mais que la femme n'use pas de cette faculté, que la condamnation prononcée ne soit pas une cause légale de divorce ou de séparation, une fois sa peine subie, cet individu reprendra ses droits dans la famille. Flétri par la justice, indigne d'exercer ses droits civiques et civils, convaincu d'immoralité, cet homme aura-t-il assez d'autorité pour diriger sa famille, élever ses enfants ? Son affection sera-t-elle assez vive, pour qu'on puisse espérer de lui qu'il ne donne pas à tous les siens le spectacle de ses fautes et de ses vices, et le déplorable exemple d'une conduite qui n'aurait rien de délictueux ou de criminel, mais qui n'en serait pas moins dangereuse pour la moralité ou l'honnêteté de ses enfants ?

On est obligé de reconnaître que le législateur n'avait apporté aucun remède à cette situation, en dehors du cas spécial réglé par l'art. 335 du Code pénal.

Il est vrai qu'aux peines criminelles s'ajoutaient, à titre de pénalités accessoires, soit l'interdiction légale, soit la dégradation civique. L'interdiction légale était la résultante de toute condamnation criminelle ; mais elle n'avait qu'un effet transitoire dans la suspension de l'autorité paternelle. Née avec la peine, elle finissait avec elle. La dégradation civique n'avait pour conséquence que d'entraîner contre le condamné l'incapacité de faire partie d'un conseil de famille et d'être curateur ou subrogé-tuteur, si ce n'est de ses propres enfants, et sur l'avis conforme de la famille.

L'art. 42 permettait bien aux tribunaux jugeant correctionnellement, de prononcer l'interdiction de certains droits civiques, civils et de famille ; mais, quant à ces derniers, ils ne pouvaient qu'infliger une déchéance de la tutelle et de la curatelle. Encore cette déchéance ne devait-elle pas s'appliquer aux enfants du condamné. Cette déchéance d'une tutelle exercée sur des étrangers était donc insuffisante, car la puissance paternelle restait entière, la destitution de la tutelle n'emportant nullement la déchéance du pouvoir paternel.

Un seul texte du Code pénal, l'art. 335, prononçait la déchéance des droits du père. Cet article visait l'hypothèse d'un attentat aux mœurs commis par le père ou la mère sur la personne de l'un de leurs enfants et les privait « des droits et avantages à eux accordés sur la personne et sur les biens de leurs enfants par le Code civil, livre Iᵉʳ, titre IX ».

Cette déchéance résultait de plein droit de la condamnation encourue, et point n'était besoin qu'elle fût expressément infligée par les tribunaux.

L'interprétation restrictive qui s'impose en matière pénale, conduisait aux solutions suivantes, rigoureuses pour l'enfant et peu faites pour satisfaire au vœu de la raison.

D'une part, la déchéance de l'article 335 n'était applicable que dans les rapports du père et de l'enfant, victime de la

corruption ou de la prostitution. Si donc le père ou la mère
ne se sont rendus coupables du délit de l'article 334 que
sur un seul de leurs enfants, ils ne seront privés que, quant à
cet enfant seulement, des attributs du pouvoir paternel. Alors
que le danger est le même pour les autres enfants, ceux-ci ne
seront pas soustraits à leur autorité. D'autre part, même vis-
à-vis de l'enfant qu'ils ont prostitué ou corrompu, le père
ou la mère ne sont pas déchus de tous les attributs de la puissance paternelle, mais seulement de ceux à eux accordés
par le titre IX, et le même raisonnement qui restreignait la
déchéance dans les rapports du père et de l'enfant victime
de l'attentat aux mœurs, conservait aux père et mère coupables les droits que leur donne la loi en dehors du titre IX.
Et notamment le droit de donner ou de refuser un consentement au mariage ou à l'adoption de l'enfant, le droit de l'é-
manciper, restaient intacts. (Demolombe, p. 269, n° 362,
liv. 6; *contrà* : Laurent, t. IV, n° 292). Pour l'application de
l'article 334, je dois encore observer que les conditions
exigées par la jurisprudence étaient d'une extrême sévérité.
Il fallait que le père eût servi d'entremetteur. Avait-il corrompu l'enfant pour la satisfaction d'une passion personnelle,
la Cour de cassation décidait, après quelques incertitudes,
que le délit n'existait pas (1). Un père à l'égard de qui on ne
pouvait relever qu'un seul acte de proxénétisme, échappait à
l'application de l'article 335, l'excitation de mineurs à la
débauche étant un délit d'habitude.

Dans la classe des attentats aux mœurs, l'excitation habituelle de mineurs à la débauche, commise par le père ou la
mère, c'était bien l'oubli le plus complet de leurs devoirs et
le signe le plus manifeste de leur dépravation morale. Cet

---

(1) Arrêts des Chambres réunies des 10 juin 1840 et 19 mai 1841 ont fixé la
Jurisprudence.

attentat à la pudeur n'est pas le seul que le Code, d'accord avec la morale, ait cru devoir réprimer. Je ne parle point de l'outrage public à la pudeur, car la personnalité de l'enfant ne sera pas souvent en jeu ; mais *quid* de l'attentat à la pudeur tenté ou consommé sur la personne de l'enfant ? Cet attentat est de deux sortes : il peut être accompagné ou non de violence. Il emprunte à cette circonstance qu'il a été commis par un ascendant, un caractère de gravité tel qu'il est puni de peines plus rigoureuses (331, 332, 333, Code pénal). Nulle part, la loi pénale n'ajoute à la peine corporelle une déchéance quelconque des droits des ascendants. A l'expiration de sa peine, le condamné reprendra la garde et l'éducation de son enfant, et l'on a pu voir le scandaleux spectacle d'un père condamné pour avoir violé sa fille, et grâcié après quelques années, imposer à son enfant son propre domicile et devenir son éducateur. Singulier éducateur moral ! N'est-il pas facile de toucher du doigt les graves inconvénients qu'aurait amenés l'application servile des textes, si les tribunaux ne s'étaient point arrogé un droit de contrôle sur la puissance paternelle, comme nous le verrons plus loin.

Si nous sortons de la classe des attentats aux mœurs, qui compromettent la moralité de l'enfant, pour entrer dans celle des crimes ou délits qui impliquent de mauvais traitements dont seraient victimes les enfants, nous n'aurons pas de peine à nous convaincre que le législateur n'a pas été plus prudent. Les parents condamnés pour avoir maltraité ou séquestré leurs enfants et pour contraventions aux lois qui règlent le travail des mineurs dans l'industrie, n'en conservent pas moins leur pleine et entière autorité (1). Pendant la durée de la

---

(1) A l'heure où j'écris ces lignes, la Chambre a voté l'urgence sur une proposition de loi de M. Engerand, tendant à punir de peines plus sévères les parents coupables de coups et blessures sur leurs enfants. L'article 3 déclare, en outre, qu'ils seront déchus de la puissance paternelle.

détention du père, l'enfant est suffisamment protégé ; mais
vienne le jour de la libération, et il retombe sous une autorité
qui deviendra plus malveillante à son égard, par suite de l'irritation qu'a causée la peine dans l'esprit du condamné. Il faut
même aller plus loin. Lorsque le père a été frappé par application de l'article 335, et qu'il a été déchu de la puissance
paternelle, cela ne suffit pas pour garantir les intérêts de l'enfant. En droit, c'est à la mère qu'appartient, en cas de
déchéance du père, l'exercice de la puissance paternelle. En
fait, qui l'exercera ? Et pense-t-on que le père, quoique dés-
honoré par une condamnation correctionnelle et par la destitution de ses droits de père, abdiquera, dans la direction du
ménage, les droits que lui donnait sa qualité ? Et la mère ne
cèdera-t-elle pas trop souvent à l'influence qu'il ne manquera
pas d'exercer ? Il est à craindre qu'elle n'ait jamais qu'une
autorité nominale et que si elle n'est point complice des excès
commis par le père, elle restera impuissante à les prévenir.

Voilà donc une série d'hypothèses où la condamnation
infligée contre les père et mère est un signe légal de leur
indignité ! Et cependant, le Code pénal était muet, et il n'é-
tait pas permis aux tribunaux de suppléer à son silence. Il
devait donc en être ainsi, *à fortiori*, lorsque l'indignité des
parents ne dépassait pas la limite qui sépare ce qui est permis
de ce qui tombe sous l'empire d'une loi répressive. Que de
dangers pour la santé, l'éducation et la moralité d'un enfant
en dehors des cas prévus par le Code pénal !

Les père et mère mènent une conduite notoirement scandaleuse. Ils s'adonnent à l'ivrognerie ; ils infligent à leur enfant de mauvais traitements; ils abandonnent cet enfant, qui
se livre à la mendicité ou au vagabondage. Les tribunaux sont
saisis des crimes ou délits dont il s'est rendu l'auteur. Mineur
de seize ans, il est acquitté comme ayant agi sans discerne-

ment ; mais il est conduit dans une maison de correction pour y être détenu et élevé pendant un nombre d'années que le juge déterminera et qui ne pourra excéder sa vingtième année (art. 66 du C. pén.). En pareil cas, c'est la faute des parents que l'on punit chez les enfants. Aussi les tribunaux sont-ils autorisés à les enlever à leurs père et mère, à les soustraire au milieu qui les perd, pour les faire élever et moraliser dans une maison de correction. Le remède est souvent pire que le mal. L'enfant est enfermé dans les prisons et mis en contact avec les malfaiteurs de toute espèce qui y purgent leur condamnation. Aussi, à sa sortie, loin de revenir à de meilleurs sentiments, abandonné des siens, l'enfant commet de nouvelles fautes, et au lieu d'un honnête citoyen, c'est un repris de justice que la maison de correction donne à la société.

Ces déplorables résultats n'ont été qu'en partie évités par la loi du 13 juin 1850, qui a organisé l'éducation correctionnelle et la mise en liberté provisoire. On avait surtout eu pour but de soustraire les enfants à des parents indignes, et de suppléer à l'éducation du foyer par l'éducation correctionnelle dans des établissements agricoles, où, élevés en commun sous une discipline sévère, astreints à des travaux agricoles, ils seraient provisoirement soustraits au milieu qui les avait pervertis. Règlementation insuffisante et défectueuse, elle n'avait qu'un effet limité ; elle privait le détenu du patronage : l'enfant détenu par mesure correctionnelle était en contact, non-seulement avec les mineurs condamnés à plus de six mois et à moins de deux ans (art. 3), mais encore avec des détenus plus âgés, plus avancés dans le vice, et ce contact constituait un réel danger pour les délinquants primaires. Aussi tendait-on aujourd'hui, dans la pratique, à confier à des établissements de bienfaisance, au patronage, le soin de l'éducation correctionnelle. C'est ainsi qu'à Paris, la

Société de patronage, présidée par M. Bérenger, s'attachait aux enfants qui subissaient une détention préventive, et dès la reddition du jugement, si la Société estimait qu'ils en fussent dignes, sollicitait de l'administration la mise en liberté provisoire. L'enfant était remis entre les mains de la Société qui avait reçu le droit de le faire réintégrer dans l'établissement pénitentiaire, s'il ne s'amendait pas.

M. d'Haussonville, dans son Rapport sur les établissements pénitentiaires (1), nous fait savoir que les magistrats du parquet étaient très hésitants avant de traduire en police correctionnelle le pauvre enfant pris en état de vagabondage et de mendicité. Toutes les mesures que la protection de l'enfance commandait étaient loin de satisfaire aux rigueurs de la loi. Ni l'art. 66, ni la loi de 1850, n'autorisaient les tribunaux ou l'administration à remettre l'enfant à des associations charitables. Enfin, la puissance paternelle intervenait trop souvent lorsque l'enfant, mis en liberté provisoire, avait été confié, en vertu d'un engagement synallagmatique, à des particuliers ou à des établissements charitables, engagement qui n'avait plus aucune valeur légale, et ainsi se trouvait compromise l'œuvre de bienfaisance de l'association. Il fallut modifier la puissance paternelle et organiser la déchéance. Une loi du 7 décembre 1874 avait créé une nouvelle déchéance facultative pour les tribunaux. Cette loi, relative à la protection des enfants employés dans les professions ambulantes, permettait aux juges de priver de la puissance paternelle les père et mère coupables des délits des art. 2 et 3. Cette déchéance frappait les père et mère condamnés pour avoir livré leurs enfants, âgés de moins de 16 ans, à des saltimbanques, à des vagabonds et gens sans aveu, faisant métier de mendicité (voy. art. 1, 2, 3). Comme la déchéance

_____

(1) *Journal Officiel*, 1874.

de l'art. 335 du Code pénal, elle était restrictive et ne visait que les cas spéciaux prévus aux textes indiqués ci-dessus. Si la loi française était imparfaite et si elle laissait sans protection les enfants victimes de mauvais traitements et d'abus d'autorité, si elle avait créé une organisation vicieuse pour l'éducation correctionnelle des mineurs condamnés, elle avait été un peu plus prévoyante à l'égard d'une autre catégorie d'enfants que l'on est convenu d'appeler : les enfants moralement abandonnés. Je comprends sous ce titre tous ceux qui sont privés de leurs protecteurs naturels, soit que leurs père et mère ou membres de leur famille soient morts, soit qu'ils aient été délaissés par eux (1).

La société leur doit aide et assistance. C'est de droit naturel. Tout membre d'un corps social organisé a le droit de devenir un honnête citoyen. Si l'on veut éviter le vagabondage et diminuer l'armée des criminels, il faut que les pouvoirs publics prennent sous leur surveillance les enfants exposés ou abandonnés. Tel est le but de l'Assistance publique. C'est à la Révolution qu'appartient l'honneur d'avoir, la première, législativement établi ce principe. La Convention nationale, au sein de laquelle furent votés tant de projets généreux et égalitaires, s'occupa, à diverses reprises, des enfants trouvés. Déjà, les Assemblées précédentes, par des décrets en date des 29 mars et 3 avril 1791, avaient envisagé la question. Un décret de la Convention nationale du 28 juin 1793 déclarait que : « Seraient à la charge de la nation : 1° l'éducation et l'apprentissage des enfants qui ne vivaient que du produit du travail de leur père, dès que ce dernier

---

(1) Cour d'appel de Caen, 24 avril 1891. Sommaire : Est abandonné un enfant qui, né de père ou de mère connus, et d'abord élevé par eux ou par l'un d'eux, en est délaissé, sans qu'on sache ce que les père et mère sont devenus, ou que l'un d'eux est mort, l'autre disparu, et sans qu'on puisse recourir à eux.

L'enfant abandonné a droit aux secours dans le département où est son lieu de naissance. (Journal le *Droit*, du 12 novembre 1891.)

venait à mourir ou devenait infirme, jusqu'au moment où ils
pourraient eux-mêmes se livrer au travail ; 2° l'éducation physique et morale des enfants dits enfants abandonnés. » Ce
même décret confiait à une Commission cantonale, l'Agence,
instituée le 17 mars 1793, le soin, avis pris des corps admi-
nistratifs, de retirer et de placer dans les hospices ou en
nourrice, suivant leur âge, les enfants naturels dont le maintien auprès de leur mère serait un danger pour leur santé et
pour leur moralité. Cette même Commission pouvait les remettre à des personnes ou établissements charitables dispo-
sés à les recueillir.

La loi du 20 mai 1797 plaça les enfants abandonnés sous
a surveillance de l'autorité municipale. Le décret du 15 pluviose an XIII, complété par celui du 19 janvier 1811, par
la loi du 10 janvier 1849 et par celle du 5 mai 1869, qui a
réglé le mécanisme financier de l'institution de l'Assistance
publique, constituent la législation applicable antérieurement
à la loi du 24 juillet 1889.

Le décret du 15 pluviose an XIII, organisait la tutelle
des enfants admis dans les hospices à un titre quelconque.
Cette tutelle était donnée aux Commissions administratives
des hospices, qui étaient chargées de désigner un de leurs
membres pour exercer les fonctions de tuteur.

L'article 5 du décret du 19 janvier 1811 était conçu en ces
termes : « Les enfants abandonnés sont ceux qui, nés de père
et mère connus et d'abord élevés par eux ou par d'autres personnes à leur décharge, en sont délaissés sans qu'on sache
ce que les père et mère sont devenus, et sans qu'on puisse
recourir à eux. » La généralité de ce texte embrassait les
divers cas d'abandon. Il accueillait également et l'enfant
orphelin, et celui qui est délaissé par les siens, légitime ou
naturel, soit que ses parents l'aient complètement aban-

donné, soit qu'ils l'aient eux-mêmes confié à l'Assistance publique.

La loi du 10 janvier 1849 établit sous ce nom une administration importante, avec un directeur responsable, qui relevait, à Paris, du préfet de la Seine et du Ministre de l'intérieur. Le préfet règle les dépenses que nécessite l'entretien des enfants assistés, et qui sont supportées tant par l'Etat que par le département, les hospices et les communes (Voir loi du 5 mai 1869).

L'Etat accepte une lourde responsabilité, et la charge des enfants soumis à l'Assistance publique constitue une mission délicate, dans l'accomplissement de laquelle bien des difficultés pratiques ont été soulevées.

La tutelle des enfants assistés appartient, à Paris, au directeur de l'Assistance publique.

En province, la Commission des hospices forme le conseil de famille des enfants assistés et désigne un de ses membres pour remplir les fonctions de tuteur.

Mais, est-ce vraiment une tutelle ? Si l'on s'en réfère uniquement au texte de la loi du 10 janvier 1849, le doute ne saurait être permis ; mais une pratique qui n'a jamais été contestée a donné aux Commissions des hospices l'exercice du pouvoir paternel dans toute sa plénitude. « Le Gouvernement a dû s'occuper d'assurer le sort des enfants abandonnés, de créer pour eux, à la place de leurs parents, une paternité sociale qui exerçât tous les droits, toute la puissance de la paternité naturelle ». Ainsi s'était exprimé, au Corps législatif, Regnaud Saint-Jean d'Angély, et, fortes de ces paroles, les Commissions des hospices ont toujours exercé les droits du père de famille. Elles exercent notamment le droit de garde avec plus de rigueur que le père de famille. Les parents qui ont remis leurs enfants à l'Assistance publique ne peuvent plus les voir. On ne dévoilera jamais le lieu où ils seront placés

ou mis en apprentissage. Ils ne recevront de leurs nouvelles
que quatre fois par an, et encore ces nouvelles se borneront-
elles à un point : l'enfant est-il mort ou vivant ? (1)

Par ce moyen, l'enfant échappera à l'influence perni-
cieuse de sa famille. Les commissions exerceront le droit
de correction, corollaire du droit de garde, non pas
comme le tuteur, conformément à l'art. 468, mais par voie
d'autorité. A Paris, le directeur de l'Assistance publique
fait détenir les enfants assistés à tout âge par voie d'autorité.
Les enfants rebelles sont envoyés dans la colonie de Met-
tray et placés dans un quartier spécial.

La commission peut émanciper le pupille à quinze ans
(art. 4). Le receveur de l'hospice est de droit le curateur de
l'enfant émancipé. La Commission autorise son mariage.
L'éducation des pupilles de l'Assistance publique se fait
jusqu'à douze ans dans un établissement ou chez des particuliers qui prennent l'enfant en pension. Après douze ans,
l'enfant est mis en apprentissage.

C'était donc une véritable puissance paternelle que l'ensemble des droits reconnus à l'Assistance publique (2). On
aviat voulu suppléer à l'absence de protecteurs naturels qui
manquaient à l'enfant. La tentative avait été assez heureuse,
à l'égard des enfants dont les auteurs étaient morts ou dans
l'impossibilité d'exercer leur autorité. Supposez, au contraire,
que l'enfant ait été simplement abandonné moralement par
ses parents, et que l'Assistance publique soit intervenue pour
le protéger.

---

(1) Voici le texte du chap. II du règlement sur les admissions à l'hospice dépositaire :

« Il ne peut être, à aucune époque de la vie de l'enfant, donné de renseignements sur lui à d'autres qu'à sa mère ou à la personne qui a effectué l'abandon.
Ces renseignements ne peuvent comporter que l'indication de l'existence ou du
décès.

« Les nouvelles sont données à l'administration centrale, quatre fois par an,
dans la deuxième quinzaine des mois de février, mai, août et novembre.

» Chaque fois qu'une personne autorisée se présente au bureau ou écrit pour
demander des nouvelles d'un enfant, la trace de cette démarche est conservée
sur les registres. »

Il se présente en moyenne, à Paris, au bureau des Nouvelles, environ 2,440
personnes par trimestre. On remarque que le nombre des parents qui s'inquiè-
tent de leurs enfants décroît dans une énorme proportion, à mesure que l'abandon devient de moins en moins récent. (Rapport du Directeur de l'administration générale de l'Assistance publique au Préfet de la Seine, 1891).

(2) Cette transmission de la puissance paternelle à l'Assistance publique con-

En pareil cas, le pouvoir paternel n'est pas anéanti ; on n'avait pas le droit, à défaut d'un texte, de faire prononcer une déchéance. Tant que les parents ne réclamaient pas leurs enfants, le pupille de l'Assistance publique, confié à des particuliers ou à des associations charitables, jouissait des fruits d'une bonne éducation. Il était momentanément, et jusqu'à son adolescence, arraché à d'indignes parents. Arrivait enfin le jour où une certaine maturité d'âge, la vigueur d'une constitution précoce, permettaient d'en faire un objet de lucre et d'utiliser son travail, les parents qui avaient bien consenti à s'en décharger durant son enfance, tant qu'ils ne pouvaient en faire un instrument d'exploitation, se hâtaient de le réclamer, au nom des principes du Code civil, et l'administration était bien obligée de le rendre. Ainsi étaient perdus les premiers fruits d'une éducation soignée. Et le jeune homme, la jeune fille, réintégraient le domicile paternel, où la contagion du mauvais exemple devait être funeste pour leur avenir et annihiler les résultats déjà obtenus par l'administration ou par les particuliers.

En vain l'Assistance publique demandait-elle à être indemnisée des dépenses subies par l'établissement. Le plus souvent, on se trouvait en présence de parents insolvables, et comme la puissance paternelle est inaliénable, l'administration devait s'exécuter.

---

sacrait une véritable abdication d'un droit que la loi a cependant placé au-dessus de toute convention et de tout compromis. Le projet général de la loi de 1889 reconnaissait la validité d'un contrat passé entre les parents et les établissements publics, approuvé par le juge de paix. Le projet s'autorisait d'une pratique constante, qui permettait aux parents de renoncer à l'autorité paternelle. M. d'Haussonville (l'Enfance à Paris, p. 2,) raconte l'histoire des bureaux d'abandon. La mère qui sollicite l'admission de son enfant parmi les assistés, se présente au bureau d'abandon, et l'Assistance publique ne consent à cette admission que suivant certaines conditions énumérées par le règlement (note 1).

Il est certain que ces règlements sont contraires à tous les principes de la matière. L'autorité paternelle ne peut faire l'objet d'aucune convention et d'aucun marché, et l'Assistance publique ne saurait apporter aucun obstacle à l'exercice du pouvoir paternel. Le législateur de 1889 l'a si bien compris, que, repoussant cette partie du projet général, qui permettait un dessaisissement volontaire de la puissance paternelle, il n'a autorisé qu'un dessaisissement judiciaire, qui offre plus de garanties que les renonciations volontaires.

Impossible de retenir l'enfant comme gage, jusqu'au remboursement par les parents des frais exposés pour son éducation ou pour son apprentissage, l'ordre public s'opposant à ce qu'une personne soit l'objet d'un droit de rétention.

En vain, les tribunaux avaient-ils essayé de favoriser, en faisant échec aux principes du droit, cette œuvre philanthropique et humanitaire. A l'audience, le Tribunal de la Seine remettait à la Société de patronage des jeunes détenus les enfants sur le point d'être envoyés dans une maison de correction, sur la simple déclaration que la Société en prendrait soin. On faisait même signer à la barre un contrat d'apprentissage en présence des parents; mais au premier cas, les parents reprenaient souvent leurs enfants; au second cas, les enfants, à l'instigation de leur famille, se rendaient insupportables, et force était aux patrons de les congédier (1).

L'œuvre de la protection de l'enfance avait pris dans ces dernières années une extension considérable. Un certain nombre de sociétés charitables s'étaient fondées (2) sur tout le territoire. C'est à Paris surtout que l'œuvre fonctionnait avec le plus d'effet. Sur l'initiative de M. Charles Quentin, directeur de l'Assistance publique, le Conseil général de la Seine avait voté un service spécial qui recueillait quatre catégories de délaissés (3) : 1° les enfants de 12 à 16 ans dont la loi de l'an XIII ne se préoccupait pas ; 2° les mineurs de 16 ans, arrêtés pour menus délits ou vagabondage ; 3° les mineurs envoyés en correction en vertu de l'art. 66 ; 4° les enfants que les parents ne peuvent surveiller. Quelque généreuses que fussent ces institutions de la charité publi-

_____

(1) Frédéric Nilus. Commentaire de la loi du 24 juillet 1889.

(2) En 1883, on comptait 1110 établissements privés, dont les trois quarts tenus par des Congréganistes, élevant 62.000 enfants malheureux, de toute catégorie.

(3) Le service, pour la Seine, des enfants moralement abandonnés, organisé en 1888, avait un budget de 700,000 francs.

En 1889, les frais se sont élevés à 768,458 fr. 15.

que, et pour les motifs que nous venons d'examiner, l'enfance n'était pas suffisamment protégée.

Une enquête privée, à laquelle on avait procédé pour demander aux associations de bienfaisance les moyens qu'elles croyaient nécessaires pour mener à bonne fin l'œuvre de la protection de l'enfance, avait abouti à la constatation suivante : le seul ennemi contre lequel il fallait les mettre en garde, c'étaient les parents indignes, qui, après avoir profité de l'éducation donnée gratuitement à leurs enfants, les retireraient pour vivre eux-mêmes de leur travail plus ou moins honnête (1).

Le 27 janvier 1881, un projet de loi très approfondi fut déposé sur le bureau du Sénat, par le sénateur Théophile Roussel, « ce généreux promoteur de toutes les lois protectrices de l'enfance » (2).

Le 8 juillet de la même année, le Gouvernement proposait un nouveau texte, élaboré par une commission extra-parlementaire au Ministère de la Justice. Cette proposition et ce projet furent renvoyés à une autre commission extra-parlementaire, dont M. Roussel fut rapporteur, et qui comprenait, au nombre de ses membres : MM. Beudant et Duverger, professeurs à la Faculté de droit de Paris. Le 10 juillet 1883, le Sénat adoptait, après discussion. Transmis à la Chambre des députés, le 27 juillet, le projet fut l'objet d'un exposé des motifs et d'un rapport de M. Gerville-Réache, déposé le 26 mai 1884. Il ne fut repris qu'en 1886. Les dépenses qu'entraînaient la nouvelle législation, qui apportait de profondes modifications dans le service des enfants assistés, empêchèrent le vote de ce projet.

Et tant de travaux n'auraient peut-être pas de longtemps

---

(1) Séance du 18 juin 1883 de la Société générale des prisons, p. 84.

(2) M. Didier. Etude sur la loi du 24 juillet 1889, p. 44.

M. Roussel avait déjà activement collaboré à la loi du 7 décembre 1874.

encore produit un résultat appréciable, si le Gouvernement,
désireux de progrès, n'avait point détaché de la réforme les
plus importantes innovations, et présenté un nouveau projet
à la Chambre des députés, le 22 décembre 1888. Le Conseil
d'Etat et le Conseil supérieur de l'Assistance publique furent
appelés à donner leur avis, et le projet gouvernemental, quelque peu modifié, devint, après de nouveaux rapports de
MM. Gerville-Réache et Roussel, la loi du 24 juillet 1889.

CHAPITRE II

DU CONTROLE DE LA PUISSANCE PATERNELLE
AVANT LA LOI DU 24 JUILLET 1889
DANS LA DOCTRINE ET LA JURISPRUDENCE

Cette étude mérite un examen approfondi. Sous l'empire de la loi nouvelle, elle soulève une controverse à la solution de laquelle de graves intérêts sont attachés ; suivant que l'on admettra l'interprétation extensive ou restrictive, la loi nouvelle sera une loi de progrès ou une loi de recul. Elle devra être ou non modifiée.

Le père ou la mère ont commis à l'égard de leur enfant un fait délictueux ou criminel, et ont encouru la peine prononcée par la loi pénale. Une fois cette peine achevée, l'enfant est encore soumis à la puissance de l'auteur du crime ou du délit. Il est à craindre que les mauvais traitements dont les parents se sont déjà rendus coupables, ne cessent point. Peut-être les violences, les brutalités, les excès des parents, ne tomberont-ils pas sous l'application des textes du Code pénal. L'enfant sera laissé dans le plus complet abandon. On ne pourvoira ni à sa nourriture, ni à son entretien, ni à son éducation. La maison paternelle sera un foyer de débauche et de dépravation.

11

Laissera-t-on sans protection l'enfant ainsi livré à ses parents, dont la conduite va mettre en péril et sa santé et son intelligence et sa moralité ?

Et le cas de l'art. 335 mis à part, l'esprit de la loi ne l'emportera-t-il pas sur le défaut de texte ? et les tribunaux qui ne peuvent infliger de déchéance, seront-ils impuissants à porter remède à une situation si digne d'intérêt ?

« Comment faire ? s'écrie M. Demolombe. Nous ferons comme nous pourrons ! Il faut venir au secours de l'enfant : la raison, la morale, l'humanité même, l'exigent, dans l'intérêt de l'ordre public. Et, Dieu merci, ajoute l'éminent jurisconsulte, les moyens d'y arriver logiquement, juridiquement, ne nous manquent pas.»

Un parti très important dans la doctrine a toujours reconnu le principe de l'intervention de la justice dans l'exercice de la puissance paternelle : Demolombe, *Cours de Code civil*, t. IV, 360 et suiv.; Aubry et Rau, C. c., 4ᵉ éd., t. VI, p. 550, p. 82, texte et note 22. *Contrà :* Laurent, t. IV, n° 292. Et voici les raisons que l'on invoquait à l'appui de cette thèse :

La puissance paternelle est une puissance de protection. Cela a été reconnu même dans l'antiquité, même dans le droit romain, que l'on a pourtant l'habitude d'accuser d'avoir établi une tyrannie arbitraire et égoïste au profit du *paterfamilias*. Ce pouvoir fut d'abord tempéré par les mœurs, plus tard limité par les lois. C'est dans le droit romain qu'on trouve cette formule élevée : *Paterna potestas, in pietate consistere debet.* La puissance paternelle doit être faite de tendresse et de protection. (L. V, Dig. 48, ıx, *de lege Pompeia, de parricidiis.* — Bourcart, professeur à la Faculté de droit de Nancy. Congrès des Sociétés savantes. *Journal Officiel*, mai 1891.) Dans nos pays de coutume, c'est à ce point de vue qu'on a toujours envisagé la puissance paternelle, et les

Parlements ont maintes fois sanctionné le droit de contrôle que la coutume reconnaissait sur cette autorité (Merlin. Rép. Educ., t. IV, p. 1.) C'est la conception légale du droit coutumier, telle que Pothier l'avait formulée, que les rédacteurs du Code ont consacrée.

Dans son discours au Corps législatif, le tribun Albisson exprimait cette idée en ces termes : « Il faut remarquer que l'autorité des père et mère sur leurs enfants, n'ayant directement d'autre cause, ni d'autre but, que l'intérêt de ceux-ci, n'est pas, à proprement parler, un droit, mais seulement un moyen de remplir dans toute son étendue, et sans obstacle, un devoir indispensable et sacré ». L'intention des rédacteurs du Code de conférer aux tribunaux un droit de contrôle paraît se dégager des discussions auxquelles donna lieu le titre de la puissance paternelle. Ils auraient voulu régler, par des textes spéciaux, ce pouvoir de contrôle, et, dans la séance du 22 frimaire an X, le premier Consul posa la question suivante : Si un père donne à son fils une mauvaise éducation, sera-t-il permis à l'aïeul de lui en donner une meilleure ? Tronchet répondit : Le fils n'appartient qu'à son père ; mais Malleville fit observer qu'à Rome le magistrat pouvait, « *cognita causa* », enlever l'enfant à son père, ou obliger ce dernier à l'émanciper. Régnier ajouta qu'en France on ôtait le fils au père qui lui donnait une mauvaise éducation. Le premier Consul insista : Le projet, dit-il, laisse de côté beaucoup de questions qu'il importe de résoudre. Si l'enfant ne reçoit pas une éducation conforme à la fortune de son père, peut-il se pourvoir et demander à être mieux éduqué ? Lorsque les mœurs du père sont déréglées, n'y a-t-il pas lieu de donner quelque autorité à la mère ? Tronchet déclara que ce n'étaient là que des questions de détail dont on s'occuperait plus tard. Après une longue discussion, le projet fut renvoyé à la section, avec les observations qui avaient été faites. Le projet

définitif se borna à poser des principes généraux, sans résoudre aucune des questions particulières qui avaient été soulevées. (Fenet, t. X, p. 435. De Loynes, D. 90. 2. 25,
note.)

L'esprit de la loi, tel qu'il ressort des travaux préparatoires, est donc favorable à cette interprétation. La raison vient
appuyer ces considérations, tirées de l'intention des rédacteurs du Code. Il n'était pas possible au législateur de prévoir toutes les hypothèses que créerait l'exercice du pouvoir
paternel. Ce sont des questions de fait dont la juste appréciation dépend surtout des circonstances, du caractère des parties
en cause, et du milieu social dans lequel elles vivent. Poser le
principe que l'autorité des père et mère était un droit fondé
sur la nature, avant d'être confirmé par la loi, qu'elle était
surtout organisée dans l'intérêt de l'enfant, n'était-ce pas
assez pour guider les magistrats dans la solution des diverses
espèces qu'ils auraient à juger ? L'abus de la puissance paternelle est heureusement une exception, et quand les parents
sont assez dénaturés pour méconnaître toute affection et
oublier toute dignité, il appartient à la sagesse des magistrats
de prendre toutes mesures utiles pour sauvegarder et les droits
des parents, et les intérêts des enfants.

Enfin, des textes particuliers, les articles 267 et 302, aujourd'hui articles 238, 240, 302, reconnaissent à la justice le
droit d'intervenir dans l'intérêt de l'enfant. « Nous voulons
bien qu'il s'agisse ici d'une hypothèse spéciale ; mais l'idée
qui se dégage des dispositions du Code est générale et témoigne hautement de l'intention du législateur de ne pas
laisser la puissance paternelle sans frein judiciaire, et de
prendre en considération l'avantage des enfants. Sans doute,
l'intervention des tribunaux se justifie d'une façon toute particulière quand il y a divorce ou séparation de corps entre
les époux, puisque l'influence de la mère ne sert plus alors

de contre-poids à l'autorité du père. Mais il y a de nombreuses circonstances où la situation sera la même, bien qu'il
n'y ait pas eu divorce ou séparation de corps. Supposez, par
exemple, que l'un des époux soit mort : le survivant exerce
la puissance paternelle sans avoir à côté de lui l'influence
modératrice de son conjoint. Et si même un nouveau mariage
a lieu, il est possible que l'enfant trouve en face de lui un
beau-père ou une belle-mère qui aient à son encontre de l'indifférence ou de l'antipathie. Pourquoi, dans ce cas et dans
d'autres analogues, les tribunaux seraient-ils privés du droit
de protéger efficacement l'enfant ? (Sirey, 1891, 2ᵉ p., p. 25.
Note de M. Naquet).

M. Demolombe croit devoir ajouter une dernière raison à
l'appui d'une théorie qu'il a si éloquemment soutenue dans
son *Cours de Code civil*. L'article 444 du Code civil déclarait exclus ou destituables de la tutelle les gens d'une inconduite notoire. Pourquoi ne pas étendre cette destitution, par
une sorte d'application utile, au père, durant le mariage ? car
il serait inouï que le père conservât la garde de ses enfants,
alors qu'un tuteur étranger ne conserverait pas la garde du
mineur. Cela est d'autant plus impossible que, dans les cas
prévus par l'article 444, l'exclusion de la tutelle n'est prononcée qu'en connaissance de cause (Demolombe, t. VI,
4ᵉ éd., p. 274).

Nous ne saurions faire état de cet argument. Les principes ne nous permettent pas d'étendre aux père et mère,
même par une sorte d'application utile, ce qui constitue une
déchéance et une peine à l'encontre des tuteurs coupables
d'inconduite notoire, ou d'incapacité et d'infidélité dans leur
gestion.

En matière de déchéance, comme en toute matière pénale,
l'interprétation restrictive s'impose. Néanmoins, le système
qui admet le contrôle de la puissance paternelle est assez

solidement établi pour que nous nous y rallions sans aucune hésitation.

Ce droit de contrôle reconnu d'une manière générale, il fallait déterminer les pouvoirs des tribunaux. Tout en interprétant la pensée des rédacteurs du Code, au moins, ne devait-on pas dépasser cette pensée, et sur des inductions tirées des travaux préparatoires, créer une déchéance là où la loi n'en avait point établi ?

C'est ce qu'a très bien compris la jurisprudence, et toutes les fois où elle a eu à statuer sur des jugements ou arrêts intervenus pour remédier aux abus de l'autorité paternelle, la Cour de cassation avait grand soin, tout en approuvant le contrôle exercé par les tribunaux, d'insister sur le maintien de la puissance paternelle que la loi ne permettait pas d'enlever aux parents (Req., 3 mars 1856, D. P. 1, 290. Testoud, professeur à la Faculté de droit de Grenoble : Le Contrôle de la puissance paternelle par les tribunaux et la loi du 24 juillet 1889. — *Revue critique de lég. et de jurisp.*, janvier 1891). L'application pratique n'en a pas moins donné lieu à de nombreuses difficultés. Laisser au juge un pouvoir d'appréciation, c'était lui confier une mission délicate et abandonner aux fluctuations de la jurisprudence une matière où tant d'intérêts sont en jeu, et où la certitude, l'uniformité des décisions, serait une garantie du succès des mesures ordonnées par les tribunaux.

Nous n'avons pas à rappeler les droits du père de famille sur la personne de ses enfants. Quels sont ceux de ces droits que les tribunaux étaient tenus de respecter, quelle que fût l'indignité des parents ? Quels sont, au contraire, ceux qu'ils pouvaient restreindre ou modifier ?

Le droit de garde et d'éducation est certainement le plus considérable des attributs du père sur la personne de son enfant. C'est celui qui prête le plus aux abus et qui sollicite

au plus haut degré l'intervention des tribunaux. Déjà les articles 238 et 307, modifiés par la loi du 18 avril 1886, permettent au Président du Tribunal, dès que l'époux demandeur en séparation de corps ou en divorce a adressé sa requête, de statuer sur la garde des enfants, et durant l'instance,
le Tribunal est autorisé par l'article 240, devenu aujourd'hui
l'article 307, à ordonner toutes les mesures provisoires né-
cessitées par l'intérêt de l'enfant. Enfin, lorsque le divorce
a été prononcé, les enfants sont confiés à l'époux qui a obtenu le divorce, à moins que le tribunal, sur la demande de
la famille et du ministère public, n'ordonne, pour le plus
grand avantage des enfants, que tous ou quelques-uns d'entre
eux soient laissés au soin, soit de l'autre époux, soit d'une
tierce personne (art. 302). Ajoutons que l'article 303 conserve aux père et mère le droit de surveiller l'entretien et
l'éducation des enfants. La loi, qui a statué expressément
pour les cas où le mariage est dissous (divorce) et pour ceux
où les liens en sont simplement relâchés (séparation de corps),
n'a pas résolu la question de savoir ce qui se passera durant
le mariage, si le père abuse de son droit de garde. M. Demolombe reconnaît aux tribunaux un pouvoir discrétionnaire
pour enlever aux père et mère celui des droits dont ils mésu-
seraient, tout en leur recommandant une extrême réserve et
une grande modération. Ainsi, au père qui méconnaîtrait
les devoirs que lui commandent la garde et l'éducation de
son enfant, le tribunal pourra enlever ce droit et confier la
garde à la mère, si, en fait, elle demeurait dans une habitation distincte de celle de son mari. Il pourrait la confier à
un parent, à un tiers, décider même que l'enfant serait placé
dans une pension ou dans un couvent, interdire toutes
relations entre l'enfant et ses parents, si leur indignité et leur
immoralité étaient de nature à compromettre l'enfant. Les
tribunaux auraient le même pouvoir, en matière d'éducation,

et si l'enfant ne recevait pas une instruction suffisante, en rapport avec la fortune de son père, ils donneraient une sanction aux obligations contenues dans l'article 203 et prendraient des mesures pour qu'une éducation plus satisfaisante fût procurée à l'enfant.

Mais qui provoquera ces mesures ? Durant le mariage, nul n'a qualité pour agir au nom de l'enfant. Les mineurs ne peuvent ester en justice. Le père ne peut agir contre lui-même. Certains auteurs pensaient que l'action pourrait être intentée par le père contre la mère, par le subrogé-tuteur contre le survivant tuteur légal, après le décès de l'un des auteurs. Le ministère public, à défaut de tous autres, au nom de l'ordre public et de l'intérêt des incapables, la famille même, pourraient en prendre l'initiative. Mais où est le texte qui autorise une telle ampliation de la loi ? (V. *Le droit dans la famille*, de M. A. Boistel, p. 244. Note de M. Charmont. *Revue critique de législation et de jurisprudence*, septembre-octobre 1891.)

M. Demolombe hésitait sur le droit d'émancipation. Il pensait que les tribunaux ne devaient en enlever l'exercice aux père et mère, que si déjà ces derniers avaient été privés de la garde de leur enfant. En ce cas particulier, il serait inopportun et dangereux de leur conserver ce droit ; car souvent ils ne l'exerceraient que par mesure de représailles et comme moyen de faire revenir près d'eux cet enfant qu'on leur avait enlevé pour les motifs les plus graves, pour cause d'immoralité peut-être.

Il appartiendrait, en ce cas, au curateur du mineur émancipé, de se pourvoir devant le Tribunal pour demander la révocation de l'acte d'émancipation.

Quant au droit des père et mère de consentir au mariage de leur enfant ou à son adoption, Demolombe enseigne qu'on ne peut jamais, ni en suspendre, ni en réglementer l'exercice. Les considérations d'humanité, d'ordre public, sur

lesquelles nous avons fondé le pouvoir modérateur et tutélaire des magistrats, en ce qui concerne la garde de la personne de l'enfant, ne peuvent plus être invoquées ici (Demolombe, t. VI, p. 405).

Dès les premières années qui ont suivi le Code civil, la
jurisprudence s'est attribuée un droit de contrôle que la presque unanimité de la doctrine n'a cessé d'approuver. Les
tribunaux ne se sont jamais crus autorisés, à défaut de texte,
à prononcer la déchéance totale de la puissance paternelle ;
mais il leur a paru que l'autorité des parents ne devait pas
être absolue ; qu'établie en faveur des enfants, elle ne devait
point être exercée contre eux ; aussi, sans violer le principe
de l'autorité, ont-ils essayé de remédier aux abus.

La première décision, et la plus célèbre, est un arrêt
rendu par la Cour de Caen, le 31 décembre 1811. Une jeune
fille mineure avait abandonné le domicile paternel. Elle se
plaignait de mauvais traitements infligés par son père, et déclarait intolérable sa situation auprès de lui. Un mois après
avoir quitté la maison, elle adressa une requète au président
du Tribunal, dans laquelle étaient articulés tous les faits re-
prochés à son père. Elle sollicitait de la justice la faculté de
se retirer dans telle maison qu'il plairait au Tribunal de fixer.
En vertu d'une ordonnance rendue sur requète, le père est
assigné. Il soutient que, sa fille étant mineure, est inapte à
ester en justice. Un jugement du Tribunal ordonne qu'un
conseil de famille sera convoqué pour lui nommer un subrogé-
tuteur, le père étant veuf, et que, provisoirement, elle se
retirera dans une maison religieuse. Appel devant la Cour.
La Cour condamne cette jeune fille à réintégrer le domicile paternel ; mais les considérants de l'arrêt semblent
implicitement consacrer le droit, pour un enfant victime de
mauvais traitements, de se retirer, avec la permission du
juge, dans un lieu assigné par la justice, et le pouvoir des

tribunaux d'enlever au père le droit de garde de l'art. 374.
(Caen, 31 décembre 1811. *Jurisprudence générale*. P. paternelle, n° 26.)

De nombreuses décisions judiciaires ont été rendues depuis
l'arrêt de la Cour de Caen, et presque toutes ont fait l'application de la même doctrine. Aucune cependant, je crois, n'a
enlevé aux père et mère, durant le mariage, l'éducation des
enfants. On pourra bien citer quelques arrêts de Cour d'appel, par lesquels les magistrats se sont refusés à laisser à une
mère la garde et l'éducation de son enfant ; mais il s'agissait,
dans les deux espèces qui furent soumises à la Cour d'A-
miens, le 4 juillet 1836 (Sirey. 1838. 2. 157) et à la Cour
de Paris, le 19 mai 1882, d'un père ou d'une mère naturelle
qui réclamaient leur enfant, antérieurement confié par l'auteur prémourant, soit à un pensionnat, soit à une tierce personne. Et la Cour d'Amiens, et le tribunal de la Seine, et la
Cour de Paris semblent puiser les motifs de leur décision
dans cette considération que la puissance des parents naturels, limitée aux droits à eux octroyés par les art. 158 et 383,
n'est nullement comparable à la puissance de parents légitimes. Quant à retirer l'éducation de l'enfant à un père ou une
mère légitimes, de leur vivant, la question n'a jamais été affir-
mativement résolue par les tribunaux. Ils l'ont cependant
résolue, à l'encontre d'un père ou d'une mère destitués de la
tutelle. Ils ont, en pareille hypothèse, décidé que si la perte
de la tutelle n'entraînait pas de plein droit l'extinction de la
puissance paternelle, cette autorité n'en devait pas moins être
restreinte quant au droit de surveillance et d'éducation. (Cass.
15 mars 1864. D. P. 1864. 1. 301. 3 mars 1856. D. P. 56.
1. 290. 27 janvier 1879. D. P. 79. 1. 223.)

Protégé contre les excès, sévices et mauvais traitements
dont il était victime, l'enfant l'était aussi contre le défaut d'é-
ducation physique et morale ; et par un jugement du 15 dé-

cembre 1869, le tribunal de la Seine consacrait les idées de M. Demolombe. (Trib. de la Seine, 15 décembre 1869. D. P. 69. 3. 104.)

Certains tribunaux étaient cependant rebelles à cette idée, qu'on pouvait enlever au père l'administration de la personne de l'enfant, même dans le cas où le foyer domestique était devenu un lieu de débauche et de corruption, et où l'inconduite notoire et scandaleuse des parents était de nature à compromettre la moralité de l'enfant. (Tribunal du Puy, 10 décembre 1869. D. P. 70. 3. 64).

Et voici les motifs qui inspiraient le Tribunal :

« Attendu que les droits qui dérivent de la puissance paternelle sont antérieurs à toute législation, et ont leur source dans la nature ; qu'un intérèt d'ordre public, qui doit dominer tous les intérèts privés, s'oppose à ce qu'il soit porté atteinte à une institution que le législateur n'a pas établie, mais qu'il n'a fait que consacrer ;

» Que s'il peut être regrettable, dans certains cas particuliers, que la loi ne puisse enlever à un père l'administration de la personne de son enfant, ces cas exceptionnels et heureusement fort rares, ne sauraient être un motif suffisant pour affaiblir le principe d'autorité du père sur la personne de ses enfants.» — V. arrèt contraire: 6 nov. 1889 (D. P. 90. 2. 25).

Ce principe d'autorité dont parle le jugement du tribunal du Puy, et qui n'est point absolu et sans contrôle, d'après une doctrine et une jurisprudence constante, doit-il être mis en brèche, lorsqu'on ne peut reprocher aux parents aucun acte dangereux pour la santé ou la moralité de l'enfant ?

On sait, d'une part, que du vivant des père et mère, la puissance paternelle n'appartient jamais aux ascendants. On sait que le père seul, durant le mariage, a l'exercice de cette autorité (372), à laquelle l'enfant reste soumis, jusqu'à sa majorité ou son émancipation (373). D'autre part, la nature, la morale n'ont-elles pas créé entre les ascendants et leurs petits-enfants, des relations d'intimité et d'affection que la loi civile a reconnues ? L'enfant doit à ses ascendants le même respect qu'à ses père et mère.

En cas d'absence du père et du décès de la mère, c'est aux ascendants que le conseil de famille doit confier la surveillance des enfants (142). Les ascendants sont appelés à suppléer le père et la mère défunts, pour le consentement au mariage (150). L'obligation alimentaire existe entre enfants et ascendants (205). La loi les autorise à accepter une donation pour leurs petits-enfants (935). Ils sont héritiers réservataires (915-935). L'enfant durant le mariage appartient à son père, et son autorité est indivisible ; mais l'ascendant à qui la loi confère tant de droits n'aura-t-il pas le pouvoir d'intervenir dans l'éducation de l'enfant, s'il croit insuffisante celle donnée par le père ? N'aura-t-il pas le pouvoir de visiter, de communiquer librement avec son petit-enfant, et la décision du père qui aurait choisi un établissement d'éducation pour son fils, ou qui lui interdirait toute relation avec son grand-père, serait-elle souveraine et sans appel ?

La Cour de Cassation, par un arrêt du 18 juillet 1857 (D. P. 57. 1. 273), cassant un arrêt de la Cour de Montpellier du 17 février 1855, la Cour de Bordeaux dans un arrêt dont les motifs sont très remarquables, ont décidé, en principe, que le père exerce une autorité souveraine, qu'il a le droit absolu de choisir le mode d'éducation à donner à ses enfants, l'établissement dans lequel ils seront élevés, de régler leurs relations avec les personnes du dehors, même avec les ascendants de ses enfants, sans divulguer le motif de sa détermination, de leur interdire toute communication orale ou écrite. (Note de M. de Loynes, sous un arrêt de la Cour d'Agen. D. P. 1890. 1. 25.)

Voici, complètement résumés, les considérants invoqués

par la Cour de Bordeaux (Bordeaux, 1860. D. P. 61. 2. 93) :
« Aux termes de l'article 373, le père exerce seul l'autorité,
et l'exerce seul sans contrôle. Les magistrats ne sauraient
s'immiscer dans les rapports du père avec ses enfants. Ce n'est
que dans les cas de séparation ou de divorce, que les enfants
ressentent le contre-coup des passions qui divisent leurs père
et mère. Si les articles 267 et 302 ont expressément accordé
le droit, aux tribunaux, de les confier à l'un ou l'autre époux
ou à une tierce personne, c'est une exception, qui confirme
la règle. Du vivant des père et mère, les aïeuls et aïeules
n'exercent aucun droit de puissance paternelle. Le législateur n'a pas voulu qu'ils puissent en gêner l'exercice entre
les mains du père, de peur de la diviser et d'ouvrir la porte
à des collisions fâcheuses. Il est des rapports si délicats et
si intimes, que le plus sage est de les laisser à eux-mêmes et
qu'ils se trouvent mieux en général de l'abstention du juge
que de son entremise ; sans doute, il serait désirable que le
père favorise, au lieu de les contrarier, les relations qui doivent naturellement exister entre les aïeuls et leurs petits-
enfants. C'est bien le vœu de la loi. Les descendants sont
tenus envers leurs aïeux et aïeules à des égards, à des témoignages de déférence et de respect ; mais ce sont là des devoirs purement naturels, qui ne sont pas érigés en devoirs
civils. Le père peut, d'ailleurs, avoir de bonnes raisons
d'éviter tout contact entre ses enfants et leurs aïeuls, soit
qu'il y ait lieu de craindre que ceux-ci ne leur inculquent
de mauvais principes ou qu'ils ne cherchent à le supplanter
dans leur affection, à ébranler le respect et l'obéissance qui
lui sont dus. Il ne doit rendre compte à personne de ces
motifs ; l'honneur de la famille en exige souvent le secret. Il
est rare d'ailleurs qu'un père de famille veuille capricieuse-
ment, et contre l'intérêt de l'enfant, lui interdire tout rapport
avec les aïeuls. »

M algré l'autorité qui s'attache aux remarquables considérants de l'arrêt de Bordeaux et auquel nous renvoyons le lecteur, la doctrine insistait: il peut y avoir intérêt pour l'enfant, disait-on, à ce que toute communication avec ses grands-parents soit interdite. Souvent, c'est inspiré de cet intérêt que le père agira; mais il faut compter avec la faiblesse humaine, et si c'est par ressentiment, par colère, sans qu'aucune raison justifie cette interdiction, que le père agit, la raison, la morale, l'humanité, l'esprit de nos lois, ne viennent-elles pas élever la voix en faveur des ascendants? Et n'est-ce pas le plus monstrueux abus de la puissance paternelle que de séparer un enfant de ses plus proches parents, de le priver de ces relations que commande l'affection; les tribunaux n'ont-ils pas le devoir de s'immiscer dans l'exercice de l'autorité paternelle, la contrôler et la contenir dans de justes limites ?

Contrairement aux arrêts de la Cour de Paris et de Bordeaux, les tribunaux se sont rangés à cette opinion. Dans la plupart des espèces qu'ils ont eu à apprécier, le père ne s'opposait point, il est vrai, à toutes relations entre ses enfants et leurs ascendants; mais on n'était pas d'accord sur les conditions dans lesquelles devaient être pratiquées ces relations. La justice était en droit d'intervenir sans toutefois faire échec au principe du droit de garde. Telle devait être la constante préoccupation des magistrats. Tantôt les tribunaux ont autorisé les ascendants à visiter leurs petits-enfants au domicile de leur père, ou dans les maisons d'éducation où ils étaient placés. Les arrêts fixaient alors les dates, lieux, jours et heures de ces entrevues. (D. P. 1868. 2. 176. Lyon, 27 mars 1886. D. P. 87. 2. 155.) Tantôt les tribunaux décidaient que les enfants rendraient visite à leur aïeul, en son domicile ou chez des tiers. Sur les conditions de ces visites, la jurisprudence était très divisée. Certaines décisions estimaient que les visites des petits-enfants chez leurs aïeuls ne sauraient être subordonnées à la condition de la présence de leur père ou d'un représentant de ce dernier, une pareille surveillance constituant un acte de suspicion, alors, d'ailleurs, que l'honorabilité des aïeuls et leur affection pour les petits-enfants n'étaient pas contestés. (Lyon, 27 mars 1886.) D'autres, au contraire, exigeaient la présence du père ou de son représentant (Nancy, 28 mai 1868. D. P. 68. 2. 170. Bourges, 8 décembre 1884. D. P. 86. 2. 78).

La Chambre des requêtes et la Cour d'appel de Paris sont allés jusqu'à permettre aux petits-enfants de passer une partie des vacances chez leurs grands-parents (Req., 12 juin 1870. D. P. 71. 1. 218. Paris, 14 août 1867. D. P. 69. 2. 238.)

Cette intervention si minutieuse de la justice, principalement cette règlementation du droit de garde, ne saurait, à notre avis, s'expliquer juridiquement. C'est le sentiment de M. Didier, qui critique l'essai de justification qu'en a tenté M. de Loynes. Ces solutions dernières nous paraissent contraires à l'esprit des articles 371, 372, 373, et aux termes de l'article 374, qui ne permet pas à l'enfant de quitter le domicile paternel sans l'autorisation de son père (1). Nous esti-

---

(1) Voy. en sens contraire : Cour d'Aix, 12 nov. 1890, Sirey, 1891, 2e p., p. 25 (Note de M. Naquet).

Cet arrêt a été cassé par la Cour de cassation, le 28 juillet 1891, conformément à la doctrine exposée ci-dessus. (*Le Droit*, 25 septembre 1891).

Nous avons montré dans cette étude les nombreuses variations de la jurisprudence. L'arrêt du 28 juillet 1891 condamne la doctrine des arrêts de 1857 et de 1870. C'est un système intermédiaire, plus qu'une doctrine absolue, que consacre la Cour suprême.

Elle déclare, d'une part, en ce qui concerne les relations des enfants avec leurs grands-parents, que les pouvoirs du père ne sauraient être absolus, et qu'il appartient aux tribunaux d'en prévenir les abus, notamment de déterminer, au cas de conflit entre le père et les ascendants de l'enfant, les conditions des visites.

D'autre part, elle pose en principe que le droit de contrôle des tribunaux ne saurait aller jusqu'à ordonner, hors les cas spécialement déterminés par la loi ou de nécessité absolue, que les enfants seront, contre la volonté du père, confiés pendant un séjour plus ou moins long à la garde de leurs ascendants.

La Cour d'Aix, dont la Cour de cassation casse l'arrêt, avait non-seulement autorisé les visites du mineur à ses grands-parents, et réciproquement, mais elle

mons que la loi du 24 iuillet 1889, quoique dans l'article Ier
elle prononce et contre les père et mère, et contre les ascendants, la même déchéance, et dans les mêmes hypothèses,
n'a pas apporté un argument de plus à la thèse de M. de
Loynes. Les ascendants ne peuvent point être déchus d'une
autorité qui ne leur est pas octroyée par la loi. Et, si la loi
nouvelle les place à côté des père et mère, dans l'énuméra-
tion des causes de déchéance, c'est qu'elle a envisagé les
divers cas où, conformément au droit commun, lorsque le père
et la mère sont morts ou dans l'impossibilité de manifester
leur volonté, ils jouissent de quelques-unes des prérogatives
de la puissance paternelle ; mais on n'a en rien voulu innover
à cet égard, et leurs droits, dans la mesure où ils existent,
restent toujours sous l'empire des articles 142, 144, 153,
173, 205, 746, 749, 915 et 935 du Code civil.

---

avait encore ordonné que l'enfant serait confié pendant 8 jours, durant les
vacances, à la garde de ses grands-parents.

L'arrêt de la Cour d'Aix était absolument conforme à la doctrine émise par
la Chambre des requêtes le 12 juin 1870. Le nouvel arrêt de la Cour de cassation limite le droit des tribunaux au déplacement, qui ne dépassant pas une
journée, n'aurait pas pour conséquence de soustraire l'enfant pendant un séjour
plus ou moins long à la garde du père. La Cour, dans les considérants, paraît
surtout s'être décidée, par cette idée que les articles 372, 373, 374 C. c., autorisent le père d'une façon absolue à garder près de lui ses enfants (Sirey, 1891,
I, 385).

C'est la consécration du système que nous venons de soutenir plus haut. Certains auteurs estiment que ce système satisfait l'équité plus que la logique. « Si
les tribunaux sont autorisés à ordonner que l'enfant sera confié pendant une
journée à ses grands-parents, en dehors de toute surveillance du père, écrit un
magistrat, dans une note insérée au bas de l'arrêt de 1891, que devient pendant
ce jour le droit de garde du père, son droit d'éducation, qui entraîne celui de
soustraire l'enfant à l'influence considérée par lui comme mauvaise, fût-ce celle
du grand-père ? Si on reconnaît aux tribunaux un droit de contrôle pour corriger les abus, les exagérations de la puissance paternelle, pourquoi leur refuser
la faculté d'autoriser un déplacement de 24 heures, s'ils le jugent sans inconvé-
nient. L'intérêt de l'enfant, d'ailleurs, ne doit-il pas prédominer ? » Nous approuvons, au contraire, sans réserve, l'arrêt de la Cour suprême. La Cour est revenue
à une plus juste interprétation de la loi.

En cette matière du contrôle de la puissance paternelle par les tribunaux, la
jurisprudence, se préoccupant avant tout de l'intérêt des enfants, avait organisé
le pouvoir régulateur des tribunaux. C'était l'esprit de la loi ; mais il ne fallait
pas, tout en voulant rester fidèle à cet esprit, aller à l'encontre des textes du
Code civil. C'est ce que la Cour suprême a très bien compris.

CHAPITRE III

LOI DU 24 JUILLET 1889

Nous diviserons en huit parties l'étude de la loi du 24 juillet 1889 :

1° Causes de déchéance ;

2° Règles de compétence et de procédure ;

3° Effets de la déchéance et restitution de la puissance paternelle ;

4° Protection des mineurs placés, avec ou sans l'intervention des parents ;

5° La loi du 24 juillet 1889 est-elle extensive ou restrictive du droit de contrôle admis en doctrine et en jurisprudence ?

6° Application de la loi ;

7° Essai de législation comparée ;

8° Caractère de la loi en droit international.

Appendice. Essai de réformes de la législation actuelle.

1° CAUSES DE DÉCHÉANCE

Les causes de déchéance sont de deux sortes : les unes obligatoires pour les tribunaux, les autres facultatives. Dans le premier cas, la loi dit que les père et mère et ascendants sont déchus de plein droit. Placés en présence des faits graves énumérés par l'art. 1er, les tribunaux doivent prononcer la déchéance des parents ; mais si, par erreur ou par oubli, elle n'était point prononcée, existerait-elle par le seul fait de la condamnation ? M. Demolombe (t. VI, n° 360) enseignait, au sujet de l'art. 335 du Code pénal, que la déchéance de la puissance paternelle résultait de plein droit de la condamnation encourue par le père ou la mère. Elle était la conséquence légale et l'accessoire tacite de la peine principale. Il en serait de même aujourd'hui de la déchéance résultant des condamnations prévues par l'art. 1er de la loi nouvelle. Si les juges omettaient de la prononcer, on ne devrait point, pour cela, avoir recours à l'action en déchéance, et il suffirait de saisir les tribunaux, qui se borneraient à déclarer qu'elle a existé de plein droit depuis la condamnation.

Toutes les causes de déchéance obligatoire impliquent la condamnation des père et mère et ascendants. Il est deux causes de déchéance facultative qui permettent de prononcer cette déchéance, en dehors de toute condamnation. Les premières sont au nombre de quatre. Les dernières, au nombre de six.

Déchéance de plein droit (art. 1er), quatre cas :

1° Si les père et mère et ascendants sont condamnés par application du § 2 de l'art. 334 du Code pénal. Le législateur répare une anomalie qu'avait entraînée l'interprétation rigoureuse du § 2 de l'art. 334. Il s'agissait au texte ci-dessus de l'attentat aux mœurs commis par les parents qui excitent, favorisent ou facilitent habituellement la débauche de leurs enfants mineurs. L'art. 334 les privait, en cas de condamnation, des droits et avantages à eux accordés sur la personne et sur les biens de leurs enfants par le Code civil (liv. 1er, titre IX). La jurisprudence pensait que la déchéance ne frappait que les parents dans leurs rapports avec l'enfant victime de la corruption ou de la prostitution ; mais qu'elle

---

(1) V. plus loin : Règles de compétence et de procédure.

ne s'appliquait pas aux autres enfants (voyez *suprà*). La loi nouvelle étend la déchéance à tous les enfants et descendants du condamné, et décide que les parents seront privés de la puissance paternelle et de tous les droits qui s'y rattachent (1).

2° S'ils sont condamnés, soit comme auteurs, co-auteurs ou complices d'un crime commis sur la personne d'un ou de plusieurs de leurs enfants, soit comme co-auteurs ou complices d'un crime commis par un ou plusieurs de leurs enfants.

Deux cas parfaitement distincts sont énumérés par le § 2 de l'art. 1er.

Dans le premier, la loi suppose que les père et mère ou ascendants se sont rendus coupables d'un crime commis sur la personne d'un ou plusieurs de leurs enfants ; dans le second, les parents ont associé leurs enfants à un acte criminel, leur moralité n'en est pas moins suspecte, et ils sont indignes de conserver leurs droits.

La loi vise : les crimes commis sur la personne, qu'il faut séparer des crimes commis contre la personne. Toute atteinte à la personne physique et corporelle, qualifiée crime par la loi, constitue un crime sur la personne. Il en est ainsi de : l'assassinat, l'empoisonnement, l'infanticide, le meurtre, les blessures avec circonstances aggravantes (309, §§ 3 et 4, 310 313), la castration, l'avortement, le fait d'administrer des substances nuisibles (317), l'attentat à la pudeur, le viol, la séquestration (341 à 344), l'exposition ou abandon d'enfants, accompagnée de mutilations ou blessures graves (351.)

Les crimes contre la personne constituent une atteinte à sa liberté, à sa moralité ou à son état-civil, et ne rentrent pas dans cette catégorie. Tels : l'enlèvement de mineure ou le

(1) Rapport Gerville-Réache, 12 janvier 1889.

refus de la rendre à qui en a la garde (354, 356), le faux
témoignage ou la subornation des témoins (361 à 366) ; l'incen-
die volontaire est un attentat contre la propriété, à moins
qu'il n'ait été commis avec l'intention de tuer, auquel cas il
y aurait tentative d'assassinat.

Le crime de suppression d'enfant (349, § 1) n'entraîne pas
la déchéance de plein droit ; ce n'est point un crime sur la
personne, c'est un crime contre l'état civil. Supprimer un
enfant, c'est le faire disparaître sans attenter à ses jours et
même sans le déplacer. C'est le cacher à tous les yeux dans
le lieu où il se trouve, et c'est faire que sa personne n'ait plus
de place dans la société et la famille (Blanche, Code pénal,
V. 254 ; F. Hélie, *Pratique criminelle*, 633 ; Cass. 24 novembre
1865. D. 66. 1. 190. Cité par Nilus, *France judiciaire*, 1891,
fascicules 9, 10.)

La Cour d'assises de la Drôme, par un arrêt en date du
26 octobre 1889, a résolu la question en ce sens : en con-
damnant à 5 ans de réclusion, une mère reconnue coupable
d'avoir supprimé son enfant né vivant, elle a refusé, sur les
conclusions du ministère public, d'infliger la déchéance de la
puissance paternelle. Cet arrêt a été cassé dans l'intérêt de
la loi, par arrêt de la Chambre criminelle de la Cour de Cassation du 8 mars 1890. (S. 1891. 1. 281. Note Bourcart.)

Postérieurement à cet arrêt, en date du 11 novembre 1890,
la Cour d'assises de l'Yonne a décidé que le crime de suppression d'enfant ne pouvait entraîner déchéance que dans
les conditions de l'article 2 de la loi de 1889.

3° S'ils sont condamnés deux fois, comme auteurs, coauteurs ou complices d'un délit commis sur la personne d'un ou
plusieurs de leurs enfants.

Le législateur qui, en dernière analyse (V. Rapp. de M.
Pradines, cité dans rapp. Roussel, t. I, p. 121) avait estimé
qu'un crime était une preuve suffisante de la perversité des

parents et de leur indignité (1), a exigé au contraire la récidive de délits commis sur la personne d'un ou plusieurs de leurs enfants. Nous rappellerons pour cette hypothèse la même distinction que pour celle qui précède. Certains délits, comme le délit de menaces qualifié par l'article 305, d'attentat contre la personne, le délit de suppression d'enfant, lorsque l'enfant n'a pas vécu, n'étant pas une atteinte à la personne, ne seront pas des causes de déchéance obligatoire.

4° S'ils sont condamnés deux fois, pour excitation habituelle de mineurs à la débauche.

C'est encore une autre anomalie qui disparaît. Le délit d'excitation habituelle de mineurs à la débauche, qui n'entraînait qu'une déchéance limitée sous l'empire de l'article 335, et qui n'entraînait cette déchéance pour le condamné que s'il l'avait commis sur la personne de son enfant, devient, par le fait, une cause plus large de déchéance. Si les parents se rendent coupables d'avoir facilité ou favorisé la corruption d'enfants qui leur sont étrangers, ils seront, après récidive, déchus de plein droit de l'autorité paternelle.

Déchéance facultative

L'article 2 de la loi du 24 juillet 1889 donne aux tribunaux, la faculté de prononcer la déchéance dans les cas qui vont être spécifiés. L'esprit qui se dégage de l'étude de ces diverses hypothèses, c'est qu'elles impliquent chez les parents une perversité qui peut rendre leur autorité dangereuse pour leurs enfants. C'est au pouvoir discrétionnaire des magistrats, à leur haut arbitrage, qu'il appartiendra d'examiner s'il y a intérêt pour les enfants à être soustraits à cette autorité. Peuvent être déchus des mêmes droits :

---

(1) Le projet primitif exigeait, pour qu'il y eût déchéance obligatoire, la récidive de crimes commis de complicité avec les enfants, ou la récidive de crimes ou de délits commis sur la personne. (Exposé des motifs, 22 déc. 1888).

1° Le père et la mère, condamnés aux travaux forcés à perpétuité ou à temps, ou à la réclusion, comme auteurs, coauteurs ou complices d'un crime autre que ceux prévus par les articles 86 à 101 du Code pénal.

Une simple observation sur cet article. Les textes précités, 86 à 101, ont trait à des crimes contre la sûreté intérieure de l'Etat. On peut être révolutionnaire et comploter dans le but de changer la forme du Gouvernement, sans être pour cela indigne, dans la vie privée, d'exercer la puissance paternelle.

Les père et mère condamnés deux fois pour un des faits suivants : séquestration, suppression, exposition ou abandon d'enfants, ou pour vagabondage.

Au cours des travaux préparatoires, M. Boreau-Lajanadie avait déposé un amendement tendant à ce que, « en ce qui concerne les délits d'exposition et de délaissement d'enfants, d'excitation habituelle de mineurs à la débauche et de vagabondage, la condamnation encourue par suite de ces délits pût entraîner la déchéance de la puissance paternelle, quelles que fussent la nature et la durée de la peine.

Cet amendement fut repoussé. On connaît la distinction qui fut faite entre la déchéance obligatoire et la déchéance facultative. Le caractère obligatoire de la déchéance fut attaché à la condamnation pour crime et non à la peine criminelle infligée. Ainsi, beaucoup de faits punissables, parmi ceux que nous avons énumérés au § 2 de l'art. 1er, changent de qualification suivant les circonstances qui les accompagnent. Quand les coups et les blessures ont entraîné la mutilation, l'amputation ou la privation de l'usage d'un membre, la cécité ou la perte d'un œil, ou autres infirmités permanentes, la peine est celle de la réclusion. De même pour l'exposition d'enfant. La suppression d'enfant est qualifiée crime ou délit, suivant que l'enfant a vécu ou non. La Cour d'assises de la Drôme, dans l'arrêt ci-dessus, avait statué dans le sens de la déchéance facultative, et déclaré qu'il fallait avoir égard non à la peine prononcée, mais à la qualification du Code. Voici par quels considérants :

« Attendu que l'art. 2 prévoit dans son § Ier, le cas où le père ou la mère sont condamnés pour des crimes autres que ceux commis sur la personne d'un ou de plusieurs de leurs enfants ;

» Que, quant au § II du même article, il ne s'occupe évidemment que des faits de séquestration, suppression ou abandon d'enfants, constituant de simples délits ;

» Que cette distinction ressort des travaux préparatoires de la loi et des termes mêmes des art. 1 et 2 rapprochés l'un de l'autre ; qu'en effet, il est impossible d'admettre que le § II de l'art. 2 comprend toutes les condamnations prononcées à raison des faits qu'il vise, même lorsque ces faits constituent des crimes, sans mettre l'art. 2 en contradiction absolue avec l'art. 1er de la loi.»

Nous nous rallions à l'opinion émise par l'arrêt de la cour d'assises de la Drôme, quoiqu'elle ait été condamnée par la Cour de cassation. Et nous estimons que le rapprochement des deux textes ne peut pas justifier la doctrine contraire. L'article 2 est formel. C'est à la condamnation pour les faits qu'il énumère qu'est attachée la déchéance facultative, ce n'est point à la peine qui peut être la conséquence de ces faits. Et l'avis de M. Gerville-Réache, dans son rapport du 13 juillet 1888, ne nous paraît pas devoir infirmer cette thèse. Les paroles citées du rapport (1) démontrent que le rapporteur, dans sa pensée, a peut-être personnellement considéré une condamnation pour crime commis sur la personne de l'enfant comme suffisante pour entraîner la déchéance obligatoire ; mais elles ne peuvent en rien détruire le texte

---

(1) *Journal Officiel*. Annexes de la Chambre, 1888, n° 1081.

de la loi, qui ne dit pas, comme il aurait pu le dire, si telle avait été l'intention du législateur : condamnation prononcée pour délits; mais condamnation prononcée à raison de l'un des faits suivants..... (1)

3° Les père et mère condamnés par application de l'article 2, § 2, de la loi du 23 janvier 1873 ou des articles 1er, 2 et 3 de la loi du 7 décembre 1874.

L'article 2, § 2, de la loi du 23 janvier 1873 prévoit le cas de récidive depuis moins d'un an du délit d'ivresse manifeste. Les articles 1, 2, 3 de la loi du 7 décembre 1874 autorisaient les tribunaux à priver de la puissance paternelle les parents qui emploieraient leurs enfants au-dessous d'un certain âge à des professions ambulantes ou les livreraient à la mendicité habituelle. (Voy. ces textes.)

La loi de 1889 complète la loi de 1874, en organisant les effets de la déchéance pour les délits de l'article 1er, comme pour ceux des articles 2 et 3.

4° Les père et mère condamnés une première fois pour excitation habituelle de mineurs à la débauche.

Même remarque que sous le § 4 de l'article 1er. C'est un cas de déchéance facultative.

5° Les père et mère dont les enfants ont été conduits dans une maison de correction, par application de l'article 66 du Code pénal.

Le mineur de 16 ans traduit devant les tribunaux peut être condamné ou acquitté comme ayant agi sans discernement. S'il est condamné, l'article 67 modifie, en les adoucissant, les pénalités ordinaires. S'il est acquitté, il est, ou bien remis à ses parents, ou bien enfermé dans une maison de correction, jusqu'à un âge qui ne peut dépasser sa vingtième année.

(1) *Contra :* M. Charmont. Revue critique de Lég. et de Jurisp., 1891. Tome xx, numéros 9-10.

En pareil cas, s'il y a des motifs de craindre que l'avenir du mineur soit compromis dans ce milieu où il vient de commettre une infraction, les tribunaux peuvent le soustraire à sa famille et à la puissance paternelle (1).

La loi du 5 août 1850, art. 19, décidait que les jeunes détenus désignés aux articles 3, 4, 10 et 16, §§ 2 et 3, seraient, à l'époque de leur libération, placés sous le patronage de l'Assistance publique, pendant trois ans au moins. La loi nouvelle donne aux tribunaux le pouvoir de prononcer la déchéance contre les parents coupables de négligence et peut-être aussi de complicité morale. Nous verrons plus loin quelles sont les conséquences de cette déchéance pour les enfants et pour les parents (2).

En dehors de toute condamnation, les père et mère qui, par leur ivrognerie habituelle, leur inconduite notoire et scandaleuse, ou par de mauvais traitements, compromettent soit la santé, soit la sécurité, soit la moralité de leurs enfants.

Ce dernier paragraphe a une certaine analogie avec une des dispositions de l'art. 444 du Code civil, qui établit des destitutions de la tutelle. Il y est dit : « Sont exclus de la tutelle et même destituables, s'ils sont en exercice, les gens d'une inconduite notoire. Il précise l'expression : inconduite notoire en y ajoutant l'expression : scandaleuse. L'inconduite notoire et scandaleuse est celle qui, sans tomber sous le coup d'une disposition pénale, est contraire aux

---

(1) Rapport Th. Roussel. *Journal Officiel*, 1881. Sénat, annexes, p. 437.

(2) C'est, croyons-nous, une des causes de déchéance qui, dans la pratique, se présentera le plus souvent. Il nous a été donné de défendre, devant le Tribunal, de tout jeunes enfants poursuivis pour vol, vagabondage ou escroquerie, et cette expérience, jointe à celle de nos confrères, démontre que la culpabilité des enfants est presque toujours la conséquence de l'abandon des parents.

bonnes mœurs et de nature à compromettre la moralité des enfants (Rapport Gerville-Réache (1).

L'ivrognerie habituelle, les mauvais traitements pourront être considérés par les tribunaux comme des motifs suffisants de déchéance. Le § 3 de l'art. 2 protège l'enfant contre le père et la mère condamnés pour délit d'ivresse manifeste. Le § 6 le protège contre l'alcoolique invétéré, dont l'exemple et le contact constituent pour les enfants un danger non moins grand, et qui peut cependant n'avoir jamais encouru de condamnation, ni s'être exposé à des poursuites pour ivresse publique. (Exposé des motifs. Projet de loi du 22 Décembre 1888).

L'expression : mauvais traitements nous paraît avoir une portée très large et conférer aux tribunaux des pouvoirs très étendus. Nous pensons, avec M. de Loynes, que la déchéance peut être prononcée, non seulement lorsque l'enfant est victime de coups et blessures, mais encore lorsque le père le laisse manquer des choses nécessaires à la vie. L'enfant est maltraité, du moment qu'il n'est pas traité comme il devrait l'être, du moment où il ne reçoit pas les soins que réclame sa santé et que la fortune de ses parents permet de lui donner. La limite entre l'abus réprimé et la négligence tolérée est difficile à préciser.

La prudence du juge saura la déterminer dans chaque espèce, en tenant compte des circonstances :

Tribunal d'Orléans, 12 août 1890. (Journal *La Loi*, 21 novembre);

---

(1) Le fait par un père de famille qui a obtenu le divorce à sa requête, d'entretenir des relations avec une femme ne suffit pas en lui-même à constituer, dans le sens du paragraphe 6 de l'article 2 de la loi du 24 juillet 1889, l'inconduite notoire et scandaleuse de nature à compromettre la moralité des enfants, s'il n'est pas établi qu'il ait été commis en présence de ceux-ci des actes obscènes et de nature à porter le trouble dans leur imagination. (Tribunal civil de la Seine, 28 novembre 1891. *Le Droit*, 17 décembre 1891),

Tribunal de Langres, 7 mai 1890. (*La Loi*, 15 novembre 1890) ;

Tribunal de la Seine, 29 janvier 1890. (*Rapp*. 1890. Assistance publique. Seine).

Telles sont les causes de déchéance limitativement prévues par la loi du 24 juillet 1889. Ces causes de déchéance s'appliquent dans les rapports des père et mère et des enfants légitimes, naturels ou adoptifs. *Lex non distinguit*. Il est bien évident que les enfants naturels doivent avoir fait l'objet d'une reconnaissance volontaire ou judiciaire.

Règles de compétence et de procédure

Compétence est attribuée aux Tribunaux répressifs et aux Tribunaux civils pour prononcer la déchéance. Devant les Tribunaux répressifs, la déchéance est la conséquence des condamnations prévues aux articles 1 et 2 de la loi. Elle est, suivant les cas, obligatoire ou facultative. Devant les Tribunaux civils, l'action en déchéance est valablement intentée en dehors de toute condamnation (art. 2, p. 6). Elle est toujours facultative. La jurisprudence n'est pas encore fixée dans l'application des règles de compétence et de procédure. Les textes ne sont pas précis. Il faut suppléer à ce défaut de précision par les travaux préparatoires, par les principes et par des règles d'analogie. C'est ainsi que nous essaierons de résoudre les principales difficultés qui se poseront.

Compétence.—Les Tribunaux répressifs qui prononcent la déchéance peuvent statuer sur la dévolution de la puissance paternelle et sur l'organisation de la tutelle (article 9) ; mais leur compétence n'est pas exclusive de celle du Tribunal civil. S'ils omettaient de la prononcer, ou s'ils n'avaient pas les éléments suffisants pour statuer sur les mesures accessoires, les Tribunaux civils seraient. à bon droit, saisis de l'examen de ces divers points (1). Le Tribunal civil pourrait, par exemple, régler valablement les droits de la mère, lorsqu'un Tribunal de répression aurait oublié de le faire. Il en serait un peu de cette instance comme de l'action en réparation d'un crime ou d'un délit qui peut être intentée par la partie lésée, soit accessoirement à l'action publique, soit d'une façon distincte et séparée (2). Il semblerait même, si l'on se réfère à l'article 9, § 1ᵉʳ, que, dans les cas de déchéance obligatoire, c'est le Tribunal civil qui seul aurait qualité pour statuer sur les droits de la mère et l'ouverture de la tutelle.

Il ne faut pas oublier cependant que l'article 9 porte la trace de l'idée primitive qui inspira le projet.

Suivant les projets adoptés par la Commission de la Chancellerie et le Sénat, la déchéance de la puissance paternelle ne pouvait être prononcée que par le Tribunal civil. La Commission de la Chambre des députés ajouta au texte de l'article 9 un § 2 ainsi conçu : « Toutefois, lorsque les Tribunaux de répression prononceront les condamnations prévues aux articles 1 et 2, p. 1, 2, 3 et 4, ils pourront statuer sur la déchéance, dans les conditions prévues par la présente loi.

Le paragraphe premier, qui déclare « que les parties intéressées saisissent sans délai la juridiction compétente, qui décide si, dans l'intérêt de l'enfant, la mère exercera la tutelle », est le reflet de l'idée première qui a présidé au projet. Quand on ajouta le paragraphe 2, on oublia de modifier les paragraphes 1 et 3 (3).

---

(1) C'est du moins ce qui ressort des travaux préparatoires. Dans la séance du 25 mai 1889, la Chambre des députés rejeta l'amendement de M. Boreau-Lajanadie tendant à attribuer aux Tribunaux répressifs une compétence exclusive pour statuer sur la déchéance dans les hypothèses prévues à l'article 9.

(2) Leloir, 1892, Code de la puissance paternelle, p. 95.

(3) V. circulaire ministérielle du 21 septembre 1889. *Bulletin Just.*, 89, p. 223, 225, 307. M. Didier, p. 64. *France Judiciaire*, t. XV, p. 188 et suivantes.

Contrairement à l'opinion générale de la doctrine, les Tribunaux et les Chambres d'appel correctionnels de la Cour du département de la Seine n'ont pas cru devoir statuer sur les mesures accessoires. Beaucoup de Tribunaux des départements n'ont pas hésité à se prononcer dans le sens ci-dessus développé (1).

La compétence des Tribunaux de répression s'étend à toutes les mesures accessoires, tant qu'ils sont saisis de la demande principale. Toutes les demandes ultérieures devraient êtres soumises au Tribunal civil. C'est le Tribunal du domicile ou de la résidence des père et mère qui, aux termes de l'article 3, doit en connaître. Il en serait de même au cas où ce Tribunal serait appelé à statuer sur les mesures accessoires, après que le Tribunal de répression se fût prononcé sur la déchéance. Il faudrait, en conséquence, saisir le Tribunal du domicile du condamné. La demande en restitution de la puissance paternelle sera portée, conformément au droit commun, devant le Tribunal du domicile du défendeur, qui sera ou la mère, ou l'Assistance publique, ou le tuteur, ou bien l'enfant lui-même, s'il est majeur.

PROCÉDURE. — L'action en déchéance proprement dite est portée devant la Chambre du Conseil du Tribunal civil du domicile ou de la résidence des père et mère, par un ou plusieurs parents du mineur, au degré de cousin germain, ou à un degré plus rapproché, ou par le ministère public.

1° *Les parents jusqu'au degré de cousin germain.* — La mère pourra donc exercer contre le père l'action en déchéance. Lorsque l'autorité maritale a disparu, en cas de divorce, par exemple, rien n'empêche la mère d'exercer cette action, mais *quid juris* durant le mariage ? On ne sau-

---

(1) Evreux, 8 mai et 11 décembre 1890. Rapp. Insp. Eure, nᵒˢ 5 et 21. — Les Andelys, 28 avril 1891. Rapp. Insp. Eure, n. 28. — Cour d'assises Nièvre, 12 mai 1891.

rait exiger de la mère qu'elle demande à son mari une autorisation pour introduire contre lui une action de cette nature.
Sera-t-elle obligée, pour s'adresser à la justice, de recourir
aux formalités de l'article 861 du Code de procédure ?
Notamment, faudra-t-il qu'elle somme son mari, et que, sur
le refus de celui-ci, elle présente requête au président du
Tribunal ? Ou bien, au contraire, lui suffira-t-il, conformément aux articles 863, 864, comme au cas d'absence du
mari, ou comme certains auteurs l'admettent en matière d'interdiction, de s'adresser directement au Président du Tribunal ? Il n'est pas possible, à notre avis, d'assimiler le cas
où le mari est présumé ou déclaré absent, au cas où il s'agit
d'intenter contre lui une action en déchéance. Dans ce cas,
le mari est présent et capable. Rien ne nous autorise à déroger aux règles du droit commun. Ce fut le sentiment de
M. Le Guen au Sénat, en 1883, et ce sentiment fut par-
tagé par le législateur.

Le ministère public. — Le ministère public est obligé d'intervenir dans les cas de déchéance de plein droit. Il a le
droit d'intervenir dans les cas de déchéance facultative.
Son rôle est tracé par la nature même de ses fonctions. Il
doit s'attacher aux faits judiciairement constatés. Il est permis aux membres de la famille de rechercher, en dehors de
toute condamnation, les preuves de l'indignité des parents.
S'ils les apportent devant le Tribunal, le ministère public
donnera son avis motivé. Il ne se refusera pas davantage,
tout en réservant la liberté de son appréciation, à l'examen
scrupuleux des faits dont la gravité serait telle que l'autorité administrative croirait devoir les signaler. Mais quand
il n'est saisi par aucune intervention légitime, ni par aucun
incident d'ordre judiciaire, il n'appartient pas aux magistrats
d'ouvrir des investigations sur la vie privée de ses conci-

toyens, ni d'exercer sur eùx une sorte de censure morale (Rapport Courcelle-Seneuil au Conseil d'Etat) (1).

Dans le projet primitif, l'action en déchéance appartenait aux représentants des établissements publics, ou aux personnes qui auraient pris en garde les enfants recueillis par la charité publique ou privée. Le Conseil d'Etat ne l'a pas jugé bon ; on a restreint le nombre des personnes ayant qualité pour intenter l'action, et enlevé à l'administration et aux particuliers le droit de l'intenter. Le Conseil supérieur de l'Assistance publique conseille à l'administration de signaler au ministère public les faits qui tomberont sous le coup de l'article 2, p. 6.

La procédure de la déchéance ressemble quelque peu à la procédure d'interdiction. L'article 4 établit le parallélisme de leurs formes; mais dans l'interprétation des règles qui vont suivre, il importe de s'inspirer de cette idée que la demande en interdiction et la demande en déchéance diffèrent par leur objet. L'une a pour objet la protection exclusive du défendeur à l'interdiction ; l'autre est poursuivie dans l'intérêt de l'enfant. De ce fait, l'action en déchéance ressemblerait plutôt à l'action en destitution de tutelle. Cette différence d'objet amènera, par voie de conséquence, des solutions qui ne seront pas toujours en harmonie avec les règles admises en matière d'interdiction.

Le Procureur de la République fait procéder à une enquète sommaire sur la situation de famille du mineur et sur la moralité de ses parents connus, qui sont mis en

---

(1) Les instructions données aux officiers du ministère public, par le Ministre de la justice, dans une circulaire du 21 septembre 1889 *(Journal officiel,* 17 octobre 1889), cadrent bien avec les paroles de l'éminent rapporteur : Elles engagent les parquets, pour répondre au vœu de la loi, toutes les fois que la question de déchéance de la puissance paternelle pourra éventuellement se poser, à recueillir par avance des renseignements sur la situation de famille de l'inculpé, sur le nombre, le sexe, l'âge de ses enfants et les conditions dans lesquelles ils sont élevés. « Les magistrats du ministère public n'useront de la faculté qui leur est donnée qu'en cas de nécessité évidente ; mais alors, ils n'hésiteront pas à y recourir. »

demeure de présenter au Tribunal les observations et oppositions qu'ils jugeront convenables (art. 4, § 1).

Cette enquête sommaire, faite en la forme administrative,
précèdera ou suivra l'introduction du mémoire, suivant que
l'action en déchéance sera intentée par le ministère public ou
par un parent. Au premier cas, et avant d'adresser un mémoire au président du Tribunal, le ministère public s'entou-
rera des renseignements utiles qui constitueront les pièces
justificatives à l'appui du mémoire. Au second cas, les
parents auront mis l'action en mouvement par l'introduction
du mémoire. L'enquête du ministère public sera la conséquence de cette introduction.

Le ministère public ou la partie intéressée introduit l'action
en déchéance par un mémoire présenté au président du Tribunal, énonçant les faits et accompagné de pièces justificatives. Ce mémoire est notifié aux père et mère ou ascendants
dont la déchéance est demandée (art. 4, p. 2).

Ce mémoire ne diffère pas sensiblement de la requête
dont il est question en l'article 890 du Code de procédure.
Au reste, le projet primitif renvoyait aux articles 890, 891,
892 et 893. Quoique le texte définitif se borne à renvoyer
aux articles 892 et 893, et spécifie les formes du mémoire,
nous appliquerons à cet égard les décisions que la jurisprudence a rendues en matière d'interdiction. C'est ainsi que
l'absence de pièces justificatives à l'appui du mémoire,
l'oubli du nom des témoins, ne seront pas des causes de nullité. La procédure ne sera pas non plus annulée, malgré le
peu de précision de l'*articula*, si le Tribunal a cru devoir passer outre.

Le président du Tribunal commet un juge pour faire un
rapport au jour indiqué. On procède dans les formes des
articles 892-93 C. de proc. civile (art. 4, p. 3). Toutefois,
la convocation du conseil de famille reste facultative pour le
Tribunal. La loi ne parle pas de la communication du mé-

moire au ministère public, comme l'article 891. Cette communication n'en est pas moins obligatoire, lorsque la demande émane des parents, conformément au principe posé en l'article 83, qui rend communicables toutes les causes qui intéressent l'état des personnes et des mineurs. Le § 3 de l'article 4, de même que le § 1 de l'article 9, porte la trace de l'idée première qui inspira le projet du Conseil d'État, qui accordait au ministère public seul l'exercice de l'action en déchéance. La Commission de la Chambre des députés, qui étendit la liste des personnes aptes à intenter l'action, oublia de modifier en ce sens.

Comme nous l'indiquons plus haut, on ne saurait assimiler complètement la procédure de déchéance à la procédure d'interdiction. En matière d'interdiction, après la requête présentée au président du Tribunal, le Tribunal ordonne que le conseil de famille soit appelé à donner son avis, et qu'on procède en Chambre du Conseil, devant un juge commis à l'interrogatoire du défendeur. Cette première phase de la procédure se passe en l'absence du défendeur, qui ne reçoit communication de la requête et du conseil de famille qu'au moment de procéder à son interrogatoire. Alors seulement, il est assigné et mis en demeure de constituer avoué. Il ne peut en être ainsi dans la procédure de déchéance.

L'avis du conseil de famille, dans la procédure d'interdiction, est une simple mesure d'instruction qui ne préjuge pas le fond. Dans la procédure de déchéance, le Tribunal qui statue sur la réunion du conseil de famille, augmente ou diminue, suivant sa décision, les chances du défendeur. Impossible donc de statuer sur ce point, sans que le défendeur ait été appelé. Aussi la jurisprudence prescrit-elle la notification du mémoire introductif avant toute délibération du Tribunal. Cette notification peut être effectuée dans l'assignation. La loi désire que, dès le début de l'instance, le père, ou la mère, ou l'ascendant, dont la déchéance est demandée, soit prévenu de la demande et des motifs sur lesquels elle est basée, pour être en état de se défendre.

La Cour d'Angers a décidé, dans un arrêt du 18 mars 1891, que la notification du mémoire était tardive lorsqu'elle était faite en même temps que la signification d'un jugement ordonnant une mesure d'instruction (1).

Doit-on admettre une autre exception aux règles de la procédure d'interdiction? Le ministère des avoués serait-il obligatoire ? En thèse théorique, on n'en voit pas l'utilité, tant pour le demandeur que pour le défendeur. Pour le demandeur, qui s'expose à des frais souvent irrecouvrables. Pour le défendeur, que l'action en déchéance atteint personnellement, et qui doit jouir d'une entière liberté pour soutenir sa défense. N'y a-t-il pas lieu d'appliquer, par analogie, comme la loi semble y inviter par l'expression « mémoire », qui paraît opposée à celle de « requète », les règles des articles 861 et suivants du C. de Pr. c., organisant la procédure qui permet à la femme mariée d'obtenir l'autorisation de contracter ou d'ester en justice ?

Je ne crois pas ces raisons suffisantes pour déroger aux principes généraux du droit. Une semblable exception ne serait admissible qu'en présence d'un texte, et ce texte n'existe pas. Lorsque la loi a interdit le ministère des avoués, elle s'en est expliquée (v. art. 877). D'autre part, ne pas assimiler le cas actuel au cas du mari comparant en personne en Chambre du Conseil pour discuter les causes de son refus. Que le défendeur à l'action en déchéance se présente en personne pour être interrogé, rien de plus naturel. Mais, lorsqu'il s'agira de plaider l'affaire, le ministère de l'avoué s'imposera, en vertu de cette règle que seuls les avoués peuvent postuler et conclure en matière civile (*Contrà* : M. Nilus, p. 73 et suivantes).

_____

(1) Angers, 18 mars 1891. Sirey, 1891. 2, 148.

Le ministère des avoués s'imposerait, du reste, si le Tribunal ordonnait une enquête. On ne saurait abandonner aux parties le soin d'accomplir les formalités prévues par le Code de Pr. civile. Les instances en déchéance de la puissance paternelle sont des instances civiles, soumises aux règles de la procédure civile, en tant que la loi du 24 juillet 1889 n'y a pas dérogé (Angers, 18 mars 1891. Sirey, 1891, 2, 140). Et la Cour de Bourges, dans un arrêt du 6 mai 1891 (Sirey, 1891, 2, 141), déclare que les parties ne peuvent se présenter en personne sans se faire assister d'un avoué.

Il résulte de cette idée que les règles ordinaires seront applicables au point de vue du délai et de la forme des ajournements, de la comparution et de la publicité des jugements.

La Chambre du Conseil examine l'affaire, après rapport du juge commis. Le ministère public est entendu dans ses réquisitions, les parties en leurs observations et conclusions. Le jugement est rendu en audience publique.

Le Tribunal peut rejeter la demande *de plano*, si les faits allégués ne lui semblent pas pertinents. S'il l'accueille, il doit résoudre la question de convocation du conseil de famille. Pas de doute, lorsqu'une des parties a conclu expressément à la convocation ; mais nous estimons que le Tribunal, en tout cas, doit rendre un jugement sur cette question. La loi, en effet, renvoie à l'article 892 du Code de procédure, qui la déclare obligatoire en matière d'interdiction (*Contrà* : Nilus, n° 103). Le conseil de famille est formé « suivant le mode déterminé par le Code civil, section IV du chapitre « au titre de la minorité, de la tutelle et de l'émancipation. » Mais quel conseil de famille ? Dans la procédure d'interdiction, c'est celui de la personne dont l'interdiction est demandée (892). Nous ne pensons pas que l'on doive réunir le conseil de famille du père ou de la mère dont la déchéance est demandée, et ce, par suite de cette idée que nous avons émise plus haut, à savoir qu'entre la déchéance et l'interdiction, il y a une différence de but. L'interdiction est une mesure sollicitée dans l'intérêt du défendeur. La déchéance a pour objet de protéger l'enfant pour qui elle est demandée. C'est donc le conseil de famille de cet enfant que l'on devra réunir.

Le défendeur à l'action en déchéance est interrogé en Chambre du Conseil, en présence du procureur de la République et du greffier. Procès-verbal doit être dressé de l'interrogatoire. L'interrogatoire est prescrit à peine de nullité. Le Tribunal ne peut passer outre, que si le défendeur déclare ne pas vouloir se présenter.

Les débats n'ont pas lieu en audience publique. La Chambre du Conseil examine l'affaire, sur le vu de la délibération du conseil de famille, lorsqu'il a été convoqué, de l'avis du juge de paix du canton, après avoir appelé, s'il y a lieu, les parents ou autres personne⁻, ⸱t entendu le ministère public (art. 4, § 5). En conformité de l'article 893, le Tribunal peut ordonner une enquête en la forme ordinaire.

Les parents appelés doivent se présenter en personne. Après l'audition du ministère public, le jugement est rendu publiquement (art. 4 § 6).

Durant l'instance en déchéance, la Chambre du Conseil peut ordonner, relativement à la garde et à l'éducation de l'enfant, telles mesures provisoires qu'elle juge utiles. Toute personne peut, dit l'article 13, s'adresser au Tribunal par voie de requête, afin d'obtenir que l'enfant lui soit confié. Cette requête en intervention sera rédigée suivant les règles édictées en l'article 339 du C. de Pr. civile. Cette requête contiendra les moyens et conclusions dont il sera donné copie, ainsi que les pièces justificatives. Le Tribunal peut statuer sur le tout par un seul et même jugement.

Voies de recours. — L'appel des jugements appartenant aux parties et au ministère public, il doit être interjeté dans le délai de dix jours, à compter du jugement, s'il est contradictoire, et s'il est rendu par défaut, du jour où l'opposition n'est plus recevable (art. 7).

L'appel est recevable contre tous les jugements édictant des mesures provisoires, ou statuant sur le fond. Le ministère public peut l'intenter, soit qu'il ait joué dans l'instance le rôle de partie principale, soit qu'il ait joué le rôle de partie jointe. C'est, du moins, ce qui résulte par analogie du droit reconnu par la jurisprudence au ministère public, dans tous les cas où il agit en matière civile par voie d'action (1).

L'opposition à un jugement de défaut doit être intentée dans le délai de huit jours, à dater de la notification à la personne, et dans le délai d'un an, à partir de la notification à domicile. Si sur opposition intervient un second jugement de défaut, ce jugement ne peut être attaqué que par la voie de l'appel (art. 6). L'opposition est-elle recevable contre les jugements avant dire droit, tels que ceux qui ordonnent la convocation du conseil de famille et l'interrogatoire du défendeur, qui prescrivent une enquête ou statuent sur les mesures provisoires ? La jurisprudence reconnaît le droit d'opposition à un jugement sur requête tendant à faire prononcer l'interdiction (Paris, 19 juin 1875, D. 76, 2, 42). L'opposition est la voie de recours ordinaire contre les jugements par défaut. Les articles 890 et suivants renvoient, du reste, au droit commun. Il n'en est pas ainsi dans l'article 6 de la loi de 1889, qui ne vise que les jugements de défaut prononçant la déchéance, et édicte des règles spéciales, quant au point de départ et au délai de l'opposition. Nous en concluerons que l'opposition n'est recevable qu'à l'encontre des jugements qui statuent sur le fond.

---

(1) Les règles de forme de l'appel seront les règles ordinaires, en vertu du principe que les instances en déchéance sont des instances civiles. L'appel formé par déclaration au greffe, suivant les règles de l'article 203 du C. Pr. c. serait irrecevable. Il en a été ainsi jugé par la Cour d'Angers et par la Cour de Bourges (arrêts ci-dessus). Conformément au décret du 30 mars 1808, art. 22, et à l'article 1er de la loi du 30 août 1883, l'appel, en matière de déchéance, comme en matière d'interdiction, doit être jugé en audience solennelle de la Cour par neuf juges au moins.

Le droit commun est applicable, en ce qui concerne les voies de recours extraordinaire. Ainsi de la requête civile, de la tierce opposition. Une difficulté s'est élevée à propos du pourvoi en cassation. On sait que la déchéance peut être prononcée, soit par un Tribunal civil, soit par un Tribunal de répression, à la suite d'une condamnation. Le pourvoi suivra-t-il les règles admises en matière pénale ? Sera-t-il notamment porté préalablement devant la Chambre des requêtes ou sera-t-il jugé par la Chambre criminelle ? Les principes conduisent à faire la distinction suivante : si la déchéance émane d'un Tribunal civil, on devra saisir la Chambre des requêtes. Si elle émane d'un Tribunal répressif, le pourvoi sera du ressort de la Chambre criminelle. C'est l'application de ce principe accepté par la jurisprudence (Cass., 18 avril 1875. Sirey, 86. 1. 237), que la juridiction d'appel est déterminée, non par la nature de l'affaire, mais par celle de la juridiction qui statue en premier ressort (1).

3° Effets de la déchéance et restitution
de la puissance paternelle

La déchéance est complète, absolue. Elle s'étend non-seulement aux droits et avantages accordés aux père et mère sur la personne et les biens de l'enfant par le Code civil. (Liv. I, titre IX) ; mais encore à ceux énoncés aux articles 108,

---

(1) M. Charmont. *Revue critique de Législation et de Jurisprudence,* 7 octobre 1891.

Telle est, semble-t-il, l'interprétation qui se dégage d'un arrêt de la Cour de cassation, du 23 février 1891. Cet arrêt, il est vrai, n'est point un arrêt de principe, car il statue dans une espèce où la déchéance émanait d'un Tribunal civil. (V. Note de M. Charmont).

141, 148, 150, 151, 346, 361, 372 à 387, 389, 390, 391, 397, 477 et 935 du Code civil, à l'article 3 du décret du 22 février 1851, et à l'article 46 de la loi du 27 juillet 1872, aujourd'hui article 59 de la loi du 15 juillet 1889 (article 1er de la loi.) De plus, elle rend tout individu déchu de la puissance paternelle incapable d'être tuteur, curateur ou membre d'un conseil de famille. M. Didier, rappelant une parole de M. Léon Clément, sénateur, a caractérisé d'un mot l'étendue de cette déchéance : C'est une mort civile, limitée à la puissance paternelle. Elle laisse cependant subsister entre les ascendants déchus et l'enfant, les obligations énoncées aux articles 205, 206, 207, du Code civil.

Cette déchéance est tellement absolue et générale, que les tribunaux ne peuvent point en scinder les effets. La loi ne les autorise pas à enlever aux ascendants tel ou tel droit, et à leur conserver les autres. Le projet primitif en avait décidé autrement. C'est le Conseil d'Etat qui, sur le rapport de M. Courcelle-Seneuil, n'a pas admis qu'un enfant pût être soumis à deux puissances rivales, celle du père et celle du tuteur, ni que la première pût intervenir dans les actes de l'autre. Il n'a pas compris qu'on pût être père à demi, ni au tiers, ni au quart : « Pour que la situation de l'enfant soit stable, il faut qu'il soit placé sous l'une ou l'autre de ces puissances et que l'autorité du père soit entière ou ne soit pas. »

Cette innovation a donné naissance à une importante controverse, qui fera le principal objet de cette étude.

La déchéance s'applique à tous les enfants et descendants nés ou à naître. Le Tribunal statuera sur le point de savoir si la mère exercera les droits enlevés au père, ou s'il convient de les lui enlever aussi. L'influence du père est à craindre, et, en fait, c'est lui qui, peut-être, plus que la mère, dirigerait l'éducation de son enfant. La mère peut obtenir de la chambre du conseil qu'on lui confie ses enfants par mesure provisoire, durant la période du premier âge (art. 9, § 3.)

Si le père contracte un nouveau mariage, la nouvelle femme a la faculté de demander au tribunal, en cas de survenance d'enfant, l'attribution de la puissance paternelle sur les enfants du second lit. « Il est possible, en effet, que l'état du nouveau ménage permette à la société, aux tribunaux de conférer l'autorité paternelle à la nouvelle femme qu'il a choisie. Dans ce cas, nous ouvrons à la femme le droit de demander aux tribunaux de garder en sa puissance les enfants issus de ce second mariage. On me demande ce que deviendront les enfants tant que la femme n'aura pas réclamé la puissance paternelle. Ces enfants seront, de plein droit, sous la puissance de l'autorité publique. Aussitôt après leur naissance, le ministère public devra demander la constitution de leur tutelle ; mais la nouvelle femme pourra introduire une action auprès du tribunal pour demander que les enfants restent en sa puissance. (Rapport Gerville-Réache.)

Dès que la puissance paternelle disparaît, elle est remplacée par une tutelle. Cette tutelle doit être constituée, s'il est possible, suivant le droit commun (art. 10). La loi fait passer en première ligne la tutelle individuelle, la tutelle administrative ne venant qu'à défaut de tutelle individuelle. A la différence de la tutelle de droit commun, la tutelle individuelle n'est pas obligatoire, un jugement de déchéance étant déterminé par une appréciation humaine, n'a pas le caractère fatal de la mort. L'attribution de la tutelle à telle ou telle personne donnerait lieu à des abus. En même temps le tuteur est exempté de l'hypothèque légale ; mais le tribunal, au cas où le mineur possède où est appelé à recueillir des biens, a le pouvoir de créer une hypothèque générale ou spéciale, jusqu'à concurrence d'une somme déterminée.

La loi nouvelle voit la tutelle individuelle avec tant de

faveur, qu'elle modifie, dans l'intérêt des enfants, les règles du Code civil sur la tutelle officieuse (art. 13). Pendant l'instance en déchéance, toute personne a le droit de s'adresser au tribunal, par voie de requête, afin d'obtenir que l'enfant lui soit confié. C'est la tutelle officieuse, plus utile et plus avantageuse pour l'enfant que la tutelle ordinaire. La personne qui voudra que sa demande soit accueillie devra se soumettre aux obligations prévues par le § 2 de l'art. 364 C. civ. ; c'est-à-dire à l'obligation de nourrir le pupille, l'élever et le mettre en état de gagner sa vie. On n'exigera pas les conditions rigoureuses que la loi exige des tuteurs officieux.

A défaut de tutelle individuelle, la tutelle appartient à l'Assistance publique, conformément aux lois du 15 pluviose an XIII et 10 janvier 1849, ainsi qu'à l'art. 24 de la présente loi. A Paris, c'est le directeur de l'Assistance publique ; en province, ce sont les inspecteurs départementaux, qui rempliront les fonctions de tuteurs des enfants moralement abandonnés. « Les dispositions de la loi du 15 pluviose an XIII, qui délèguent aux Commissions administratives des hospices départementaux la tutelle des enfants assistés, ne sont pas encore abrogées. Ce n'est pas une raison pour que nous donnions à ces Commissions la tutelle des enfants moralement abandonnés. Comment pourrait-on justifier l'intervention des hospices dépositaires dans le fonctionnement du nouveau service. Par leurs sacrifices ? Ils ne sont appelés à en faire aucun. Par leur compétence ? Ce n'est pas une Commission qui pourra exercer efficacement la tutelle, placer les enfants du titre premier, contrôler les particuliers ou les établissements gardiens des enfants du titre second, poursuivre le retrait de ces enfants, leur trouver des placements meilleurs. Pour cette tâche il faut un fonctionnaire unique et responsable. Ces fonctionnaires existent, ce sont les inspecteurs des enfants assistés. (Rapport Gerville-Réache).

13

L'administration de l'Assistance publique doit soumettre
les enfants moralement abandonnés au même mode d'éducation que les enfants assistés. Elle les confiera à des particuliers ou à des associations charitables, et si ces particuliers
veulent se faire octroyer la tutelle officieuse, ils peuvent,
après les avoir gardés trois ans, solliciter du tribunal leur
nomination. Le tribunal, en prononçant sur la tutelle, fixe
le montant de la pension qui devra être payée par les père
et mère et ascendants, auxquels des aliments peuvent être
réclamés, ou déclare qu'à raison de leur indigence il ne
peut être exigé aucune pension. Dans cette dernière hypothèse, les conseils généraux pourront assimiler, pour la
dépense, les enfants faisant l'objet des deux titres de la
présente loi aux enfants assistés (art. 25. V. loi du 5 mai
1869 sur le mode de répartition des dépenses entre l'Etat,
les départements et les communes). En ce cas, la subvention
de l'Etat sera portée au cinquième des dépenses tant
extérieures qu'intérieures des deux services, et le contingent
des communes constituera pour celles-ci une dépense obligatoire, conformément à l'article 136 de la loi du 5 avril 1884
(art. 25).

---

(1) Il est intéressant de connaître les ressources à l'aide desquelles était alimenté
le budget de l'Assistance publique et les innovations introduites par la loi du
24 juillet 1889. Trois systèmes ont été successivement en vigueur : 1· le système
de 1811, le système de 1869, et enfin celui de 1889.

Aux termes des articles 11 et 12 du décret du 19 janvier 1811, toutes les dépenses extérieures et intérieures relatives à l'entretien, la nourriture, l'éducation des
enfants abandonnés, étaient à la charge des hospices dépositaires. L'Etat con-
tribuait pour une somme de quatre millions au paiement des mois de nourrice
et des pensions. En cas d'insuffisance, le budget des hospices et les allocations
communales complétaient les dépenses extérieures. A l'État succéda le département (lois de finances du 25 mars 1817, du 15 mai 1818 et du 15 juillet 1819). La
loi du 10 mai 1838 attribua aux conseils généraux le droit d'établir la part obligatoire des communes (art. 4, p. 15, art. 12, p. 11).

4° RESTITUTION DE LA PUISSANCE PATERNELLE

La déchéance est une mesure trop grave pour être irrémissible. Nous avons voulu, dit M. Gerville-Réache, laisser ouverte la porte au repentir. Les père et mère frappés de déchéance, à suite de condamnation, peuvent donc se faire restituer cette puissance, après avoir été réhabilités, et le Tribunal peut réintégrer dans les mêmes droits ceux qui, par application des §§ 5 et 6 de l'article 2, ont été

La loi des 18-24 juillet 1866 donna aux conseils généraux le pouvoir de fixer définitivement les dépenses intérieures, les dépenses extérieures restant toujours à la charge des hospices. La loi du 5 mai 1869, dont la plupart des dispositions sont aujourd'hui en vigueur, classe avec précision les dépenses extérieures et intérieures.

Dépenses extérieures. — On entend par dépenses extérieures (art. 3) : 1° les secours temporaires, destinés à prévenir ou à faire cesser l'abandon ; 2° le prix des pensions et les allocations exceptionnelles concernant les enfants placés à la campagne ou dans des établissements spéciaux ; les primes aux nourrices ; 3° les frais de vêture ; 4° les frais de déplacement soit des nourrices, soit des enfants ; soit, au besoin, les frais relatifs à l'engagement des nourrices ; 5° les registres et imprimés de toute sorte ; 6° les frais de maladie et d'inhumation des enfants placés en nourrice ou en apprentissage. Sur l'avis du préfet, le conseil général règle annuellement le tarif des pensions et des vêtures.

Dépenses intérieures. — Parmi les dépenses intérieures figurent : 1° les frais afférents au séjour des enfants à l'hospice ; 2° les frais des nourrices sédentaires ; 3° les layettes (art. 12). Une circulaire ministérielle du 3 août 1869 engage les préfets à diminuer autant que possible le séjour des enfants à l'hospice. Tous les ans (art. 5) le préfet fixe le tarif des frais de séjour et le prix des layettes, sur la proposition de la commission administrative des hospices et l'avis du Conseil général. L'hospice dépositaire avance les frais, qui sont remboursés, sur mémoire à la fin de chaque trimestre (art. 5).

A ces deux catégories de dépenses s'ajoutent les frais d'inspection générale, qui sont à la charge de l'Etat (art. 4 et 6).

Le budget de l'Assistance publique est constitué à l'aide des ressources suivantes : 1° produit des fondations, dons et legs faits aux hospices du département, au profit des enfants assistés (art. 5, p. 1) ; 2° produit des amendes de police

frappés en dehors de toute condamation. Il y a, par conséquent, deux voies de restitution ouvertes aux parents déchus,
et ces deux voies s'appliquent à deux hypothèses différentes.
Lorsque la déchéance résulte d'une condamnation, le condamné est obligé d'obtenir sa réhabilitation en remplissant
les conditions énumérées aux articles 619 à 635 du Code
d'instruction criminelle. Une fois réhabilité, il intentera
dvant les tribunaux une demande en restitution (art. 15,
§ 1).

Si la déchéance a été prononcée contre les père et mère

---

correctionnelle, art. 5, p. 2 ; 3· budget départemental (art. 5, p. 3) ; 4· contingent
des communes, fixé chaque année par le Conseil général, qui ne peut dépasser le
cinquième des dépenses extérieures (art. 5, p. 4) ; 4· subvention de l'Etat, égale
au cinquième des dépenses intérieures.

Système de 1889. — L'article 2 de la loi nouvelle décide que les enfants de parents déchus, à l'égard desquels il ne sera pas possible de constituer la tutelle
ordinaire, seront à la charge de l'Assistance publique ; les dépenses les concernant seront réglées conformément à la loi du 5 mai 1869.

L'article 25 donne aux conseils généraux la faculté d'assimiler aux enfants
assistés de l'ancien système, les enfants maltraités ou moralement abandonnés
suivant la loi de 1889. Si le conseil général fait cette assimilation, la subvention
de l'Etat, dit le texte, sera portée au cinquième des dépenses, tant intérieures
qu'extérieures, des deux services. Le contingent des communes, fixé à 1|5 des
dépenses intérieures, devient obligatoire. L'État ne supporte donc que les quatre cinquièmes des dépenses intérieures, et les trois cinquièmes des dépenses
extérieures.

La loi du 11 décembre 1890 établit un crédit supplémentaire de trois millions
pour la contribution de l'Etat, en *conformité* de l'article 25, aux dépenses des
enfants assistés ou moralement abandonnés (1).

Pour l'année 1891, on a inscrit au budget du ministère de l'Intérieur un crédit
de 4,045,000 francs dont trois millions pour la participation de l'État aux dépenses
intérieures et extérieures des deux services, et 1,045,000 francs pour les frais
d'inspection et de surveillance (V. Rapport de M. Arène. Chambre des députés,
session ordinaire 1892, annexe n· 164.)

(1) Sénat, session extraordinaire 1890, annexe n· 13.

ou ascendants, sans qu'ils aient encouru de condamnation,, ils s'adresseront *de plano* au Tribunal, pour obtenir cette· restitution (art. 15 *in fine*).

La procédure de la demande en restitution est identique à, la procédure de l'action en déchéance. L'avis du Conseil de famille seul, de facultatif devient obligatoire, et on doit noti-· fier au tuteur la demande, pour lui permettre de présenter, en son nom personnel ou au nom de l'enfant, les observations et oppositions qu'il aurait à faire contre la demande (art. 16).

Si le Tribunal prononce la restitution, il fixe l'indemnité due au tuteur, ou bien déclare qu'à raison de l'indigence des parents, il ne sera alloué aucune indemnité.

S'il la rejette, elle ne pourra plus être introduite, si ce n'est par la mère, après la dissolution du mariage. « L'état des mineurs ne doit pas demeurer en suspens, sur la menace d'un procès. Celui qui a introduit témérairement une demande serait disposé à la renouveler, si on ne l'arrêtait pas au nom du vieil adage : « Il est d'ordre public que les procès aient une fin. » (Courcelle-Seneuil).

DE LA PROTECTION DES MINEURS PLACÉS AVEC OU SANS
L'INTERVENTION DES PARENTS

On a vu plus haut les obstacles que rencontraient, dans
l'œuvre de la protection de l'enfance, les particuliers et les
Associations charitables. On a vu que leurs desiderata, tels
qu'ils résultaient de l'enquète officielle à laquelle M. Théophile Roussel s'était livré en 1882 (1), se résumaient en une
restriction de la puissance paternelle. « Il fallait décider,
comme l'écrivait M. Bonjean, que les parents qui s'empres-
sent d'abdiquer leur droit de garde, pour laisser leurs enfants
trop jeunes à la charge d'œuvres de bienfaisance, ne puissent faire revivre le droit de revendiquer leur fils, quand il
serait en âge de devenir un complice utile ; leur fille, quand
elle serait d'âge à être vendue aux débauchés. Il fallait décider qu'un droit, si respectable qu'il soit, s'arrêtât là où il
rencontrerait et heurterait un droit supérieur, et que la puissance paternelle, droit essentiellement tutélaire de l'enfant,
ne pût être invoquée pour favoriser la démoralisation de ce
dernier. »

C'est à ce but que répond l'institution du dessaisissement
judiciaire. On avait bien pensé créer des contrats de dessaisissement de la puissance paternelle, intervenant entre les
parents d'une part, et, d'autre part, les administrations d'Assistance publique, des associations de bienfaisance ou des
particuliers. Nous donnons la parole à M. Gerville-Réache,
qui nous raconte, dans son rapport, quelles étaient les conditions de validité de ces contrats dans le projet primitif :

---

(1) *Bulletin de la Société générale des prisons*, 1882, p. 254.

ces contrats étaient soumis à l'approbation du juge de paix ;
ils pouvaient avoir pour effet de dessaisir les père, mère ou
tuteur, jusqu'à la majorité de l'enfant, des droits de garde,
d'éducation et de correction, de gestion du pécule, de consentement au mariage du mineur ou à son engagement dans
l'armée. Mais les observations du Conseil d'Etat firent renoncer à cette forme très insolite et d'ailleurs insuffisante,
au point de vue des garanties. On admit que dans le cas où
les parents ont, en fait, abandonné leurs enfants, ou bien les
ont confiés à autrui, et consentent à ce que le Tribunal
délègue définitivement à tel établissement ou à tel particulier
une partie de leurs droits, s'ils n'ont pas encouru la déchéance, ils ne se sont pas moins dépouillés volontairement
de la totalité ou d'une portion de la puissance paternelle.
En ce cas, c'est à l'Assistance publique, organe et représentant de l'Etat, que le Tribunal devra déléguer les droits
ainsi délaissés, et c'est seulement l'exercice de ces droits
qui pourra être par lui confié à l'établissement ou au particulier gardien de l'enfant. L'intervention du pouvoir judiciaire, gardien de l'état des personnes, est une garantie
efficace, donnée, en ce cas, aux parents et aux enfants
(Rapport de M. Gerville-Réache).

Les articles 17 et 19 distinguent deux hypothèses :

1° Les père et mère ou tuteurs, autorisés par le Conseil de
famille, peuvent confier des enfants mineurs de seize ans à
des administrations d'assistance publique, à des associations
de bienfaisance, régulièrement autorisées à cet effet ou à des
particuliers jouissant de leurs droits civils.

Ces établissements ou particuliers peuvent recueillir, sans
l'intervention des parents, des enfants mineurs de seize ans.
La procédure est différente dans les deux cas. Dans le premier, les parents et les établissements agissant conjointe-
ment, adressent une requête au tribunal du domicile des

père et mère ou tuteur. La requête est visée pour timbre et
enregistrée gratis. Le tribunal examine l'affaire en chambre
du conseil, après avoir entendu le ministère public. Le tribunal appelle les parents ou tuteur, en présence des particuliers
ou des représentants réguliers de l'administration ou de l'établissement gardien de l'enfant, ainsi que du représentant de
l'Assistance publique (art. 18).

Au second cas, les administrations, associations ou particuliers qui recueillent l'enfant, sans l'intervention de ses
parents, sont tenus de faire une déclaration dans les trois
jours, au maire de la commune sur le territoire de laquelle
l'enfant a été recueilli, et à Paris au Commissaire de police,
à peine d'une amende de 5 à 15 francs. Cette déclaration
est transmise, par les maires et les commissaires de police,
au préfet, dans un délai de quinzaine, et notifiée dans un
autre délai de quinzaine aux parents de l'enfant (art. 19).
Si, dans les trois mois à dater de la déclaration, les père et
mère ou tuteur n'ont point réclamé l'enfant, ceux qui l'ont
recueilli peuvent adresser au Président du tribunal de leur
domicile une requête, afin d'obtenir que l'exercice de tout
ou partie des droits de la puissance paternelle leur soit confié (art. 20).

Le jugement produit les effets suivants. Les parents ne
sont pas totalement dessaisis de tous leurs droits. Le tribunal déclare quels sont les droits de la puissance paternelle
dont les parents seront privés. Même dans le cas où le
tribunal conserverait aux parents le droit de consentement
au mariage de l'un de leurs enfants, l'Assistance publique
peut les faire aller devant le tribunal qui donne ou refuse le
consentement, les parents entendus ou dûment appelés
en chambre du conseil (art. 17).

Le tribunal déclare que la puissance paternelle est dévolue
à l'Assistance publique, avec tous les droits qui ne sont pas

accordés au requérant. Cette disposition consacre la prérogative de l'Etat. En présence de la désertion constatée et
prolongée des parents, la présomption de leur indignité et
de leur incapacité est si forte qu'il y a lieu d'appliquer le
principe en vertu duquel l'Etat est subrogé *de plano* à la
famille incapable ou indigne (Rapport Gerville-Réache).
Cette prérogative de l'Etat entraîne les conséquences suivantes. C'est l'Assistance publique qui désormais représentera l'enfant ; c'est elle qui demandera au tribunal, au refus
des parents, le consentement au mariage des enfants. Le
préfet du département de la résidence de l'enfant confié à un
particulier ou à une association de bienfaisance, a une mission de surveillance, au nom de l'Etat, sur les enfants, et
un règlement d'administration publique déterminera le mode
de fonctionnement de cette surveillance, ainsi que de celle
qui sera exercée par l'Assistance publique (art. 22).

Si l'Assistance publique constate que l'enfant est placé
dans des conditions mauvaises, elle demandera au juge de
modifier la décision rendue en vertu de l'article 17 ou de l'article 20. Le préfet, au nom de l'Etat, ou les représentants
légaux de l'Assistance publique, c'est-à-dire les inspecteurs
départementaux des enfants assistés, et, à Paris, le directeur
de l'administration générale de l'Assistance publique, forme-
ront une demande en restitution. La requête du préfet sera
visée pour timbre et enregistrée gratis. Elle sera adressée au
Tribunal de la résidence de l'enfant. L'intervention de l'autorité judiciaire est une garantie pour les particuliers ou
Etablissements charitables. Il fallait leur donner tous les
moyens de mener à bien cette grande œuvre de bienfaisance
et de protection, et, pour que les sacrifices qu'ils se seraient
imposés ne soient pas perdus, on a avec raison confié aux
tribunaux le mandat d'apprécier l'utilité du retrait du
mineur. De cette manière, comme dit M. Courcelle Seneuil,

les droits du mineur, ainsi que ceux des associations et des particuliers, sont confiés à la protection des juges, dont l'intervention ne laissera aucune place à l'arbitraire.

Après avoir entendu ou appelé les parents, celui auquel l'enfant a été confié, et le représentant de l'Assistance publique, le juge statue ; il décide si l'enfant sera maintenu dans le placement incriminé, ou s'il sera rendu à ses parents, ou entièrement confié à l'Assistance publique. L'affaire est discutée en Chambre du conseil, mais le jugement rendu en audience publique (21, 2° et 3°). En cas de remise de l'enfant, le tribunal alloue une indemnité représentative des frais occasionnés par l'entretien et l'éducation de l'enfant, ou déclare qu'il n'y a pas lieu, à raison de l'indigence des parents, d'allouer une indemnité. Toute demande rejetée ne peut plus être renouvelée que trois ans après le jour où la décision de rejet est devenue irrévocable. Si le tribunal juge qu'il n'y a pas lieu de rendre l'enfant aux père, mère ou tuteur, il peut, sur la réquisition du ministère public, prononcer la déchéance de la puissance paternelle (art. 21, 4° et 5°).

La décision du tribunal peut être frappée d'appel, soit par le préfet, soit par l'association ou le particulier intéressé, soit par les parents. C'est le droit commun. L'appel n'est pas suspensif. C'est une exception.

LA LOI DU 24 JUILLET 1889 EST-ELLE EXTENSIVE OU RESTRICTIVE DU DROIT DE CONTRÔLE, ADMIS EN DOCTRINE ET EN JURISPRUDENCE ?

Sous l'empire du Code civil, les tribunaux ne pouvaient, en aucun cas, prononcer contre les père et mère la déchéance de la puissance paternelle. Depuis la loi du 24 juillet 1889, la déchéance est obligatoire ou facultative pour le juge, dans les cas déterminés par les art. 1 et 2 de la loi.

La loi nouvelle, par cela seul qu'elle organise le système d'une déchéance absolue, supprime-t-elle le droit de contrôle que la doctrine et la jurisprudence avaient toujours consacré sur l'exercice du pouvoir paternel ?

L'importance de la question est considérable. Permettre au juge de n'intervenir que pour infliger aux père et mère une déchéance complète des droits afférents à l'autorité paternelle, c'est sacrifier l'intérêt de l'enfant maltraité ou moralement abandonné, au caractère restrictif de la loi de 1889.

Obligés de recourir à une mesure radicale, les tribunaux hésiteront, et tous les abus qu'une large et sage interprétation de l'esprit de la loi avaient permis de réprimer, resteront désormais impunis. Plus de mesures intermédiaires. On ne devra plus enlever aux parents tel ou tel de leurs droits qui seraient préjudiciables aux intérêts matériels et moraux de l'enfant.

Loin de réaliser un progrès, la loi nouvelle perdra son véritable caractère de protection pour l'enfance. Une réforme sera nécessaire. Cette réforme s'imposera d'autant plus aujourd'hui, que les abus d'autorité se sont multipliés, et que, très souvent, ces abus ne seront pas assez criants pour justifier une déchéance totale. L'indignité, conséquence obligée de la déchéance, est une mesure trop grave pour être infligée aux parents, pour qui la perte de telle ou telle de leurs prérogatives serait une répression suffisante.

La jurisprudence paraît être maintenant fixée par un arrêt de la Cour de Cassation, rendu le 28 juillet 1891 (1), qui affirme le droit de contrôle des tribunaux, sans s'occuper de la loi du 24 juillet 1889. Cet arrêt cassait un arrêt de la Cour d'Aix du 12 novembre 1890, qui avait autorisé les grands-

---

(1) *Le Droit*, 25 septembre 1891.

parents à visiter ou à recevoir leur petit-fils hors la présence
de son père, et avait décidé qu'il serait remis à leur garde
pendant un certain temps, chaque année.

La Cour suprême déclare : « Qu'il appartient aux tribunaux de prévenir l'abus de la puissance paternelle, en tenant
compte, d'une part, des droits des parents, et, d'autre part,
de l'intérêt des enfants et des devoirs et des droits moraux
et civils qui rattachent les ascendants à leurs petits-enfants. »

La Cour de Cassation consacre entièrement la doctrine
antérieurement admise, sans faire la plus légère allusion à
une loi nouvelle qui serait venue restreindre et limiter le
droit des tribunaux. Telle n'a point été cependant la jurisprudence de tous les tribunaux.

Certaines décisions judiciaires, entre autres un jugement
du tribunal de Saint-Quentin du 27 décembre 1889, un jugement du tribunal de Toulouse du 3 juillet 1890, un arrêt de
la Cour d'appel de Poitiers du 21 juillet 1890, s'étaient
prononcées dans un sens restrictif de la loi de 1889 (1).

Suivant ces décisions, la loi de 1889 avait introduit un
droit nouveau ; elle avait retiré aux juges le droit de toucher
à la puissance paternelle pour la restreindre ou la modifier
suivant la diversité des espèces et la variété des intérêts.
Désormais, la déchéance ne saurait être que générale et
par la totalité des droits.

Cette doctrine est contraire à l'intention du législateur de
1889. Le but poursuivi par les promoteurs de la loi, c'était

---

(1) Tribunal de Saint-Quentin, 27 décembre 1889. V. M. Didier. — Tribunal
de Toulouse, 3 juillet 1890. *Gazette des Tribunaux*, 7 octobre 1890. — Cour
de Poitiers, 21 juillet 1890. Sirey 1891, 2ᵉ p., p. 17. — Tribunal de Compiègne,
29 juillet 1891. *Le Droit*, 7 octobre 1891. En sens contraire : Tribunal de la
Seine, 27 janvier 1890. Sirey, 1891, 2ᵉ p., p. 17. — *Id.*, 6 août et 11 août 1890·
Le Droit, 20, 21, 29 octobre 1890. — Aix, 12 novembre 1890. Sirey 1891, 2ᵉ p.,
p. 25. — Voy. aussi Cour d'Agen, 6 novembre 1889. Dalloz, 1890, 2ᵉ p., p. 25
(note de Loynes).

de protéger l'enfance maltraitée ou moralement abandonnée. On avait voulu tout d'abord, dans le projet primitif, modifier la législation tout entière des enfants assistés, et placer sous la protection de l'Etat tous les mineurs délaissés ou livrés par leurs parents à la mendicité ou au vagabondage. On a définitivement établi le système de la déchéance, dont on a généralisé les cas (1). Sous l'empire de la loi nouvelle, les pouvoirs des tribunaux sont plus étendus. Aux cas de déchéance prévus par l'art. 335 du Code pénal et par la loi de 1874, on ajoute de nombreuses hypothèses de déchéance obligatoire ou facultative. Mais il n'a jamais été question, tout en autorisant les tribunaux, à prononcer des mesures plus radicales, de leur retirer la possibilité de recourir à des mesures intermédiaires. La jurisprudence antérieure ne fut point discutée au cours des travaux préparatoires ; elle reste solidement assise sur les mêmes raisons qu'autrefois. Il est vrai qu'au cours de la discussion du projet primitif, qui reconnaissait aux tribunaux le droit de prononcer une déchéance partielle, le Conseil d'Etat critiqua vivement cette idée. Le rapporteur s'exprime ainsi dans son rapport : L'assemblée n'a pas admis qu'un enfant pût être soumis utilement à deux puissances rivales, celle du père et celle du tuteur, ni que la première pût intervenir dans les actes de l'autre. Elle n'a pas compris qu'on pût être père à demi, au tiers ou au quart. Pour que la condition de l'enfant soit stable, il faut qu'il soit placé sous l'une ou sous l'autre puissance, et que celle du père soit entière ou ne soit pas (2).

L'opinion du rapporteur, qui a reçu la consécration légale, puisque la déchéance infligée par les tribunaux ne peut être que totale et absolue, n'infirme en rien la doctrine que nous soutenons.

---

(1) Rapport Gerville-Réache, 12 janvier 1889.
(2) *Journal Officiel*, annexes, 1888, p. 726.

De ce que le juge n'a que le droit de prononcer, contre
les père et mère, dans les cas visés aux textes de la loi de
1889, une déchéance générale des droits de l'autorité paternelle, s'ensuit-il qu'il ne puisse exercer, en dehors de ces
cas, le droit de contrôle ?

Il ne s'agit point d'autoriser les tribunaux à prononcer
une déchéance partielle. Il faut leur laisser, comme auparavant, le droit d'intervenir pour limiter l'exercice des droits
de famille, et en réprimer les abus quand l'intérêt de l'enfant le commande. Sous l'empire du Code civil, les tribunaux,
tout en prenant des mesures provisoires, ne s'étaient jamais
arrogé le droit de frapper les parents d'une déchéance partielle. Ils avaient eu toujours le soin, ainsi que nous l'avons
vu plus haut, de placer au-dessus de toute atteinte le principe de l'autorité paternelle.

La raison vient appuyer ces considérations juridiques :
Entre la déchéance, mesure grave et rigoureuse, et la limita-
tion du droit de garde ou de tout autre droit, dont l'abus
serait prouvé, il y a un abîme. Autoriser les tribunaux à pro-
portionner la répression à la faute commise, ainsi le veulent
et la logique et la justice. Reconnaître à la loi de 1889 un
caractère restrictif du droit de contrôle, ce serait priver
l'enfant de protection, et on pourrait à bon droit reprocher
au législateur d'avoir manqué son but (1)

APPLICATION DE LA LOI DU 24 JUILLET 1889

Dans sa session d'août 1889, le Conseil général du Calvados décidait « qu'il approuvait sans réserve le but humanitaire et moralisateur de la loi du 24 juillet 1889 ; mais que,

---

(1) V. M. Didier. Etude précitée. M. Charmont, *Revue critique de Législation
et de Jurisprudence*, sept.-oct. 1890. M. Testoud, *Revue critique*, janvier 1891.

faute de renseignements suffisants, il lui était impossible, quant à présent, de prévoir les avantages et les inconvé- nients résultant de son application. »

Plus de deux années se sont écoulées depuis la promul- gation de cette loi d'humanité et de progrès social, et nous sommes presque obligés de faire la même constatation. Et cependant, la loi nouvelle a comblé une grave lacune, en frappant d'une déchéance obligatoire les parents dont l'in- dignité manifeste est judiciairement établie. C'est là un pro- grès et un progrès considérable, dont on doit, d'ores et déjà, apprécier la portée. Comme l'indiquait la circulaire ministé- rielle du 16 août 1889, on ne s'était point expliqué que jus- qu'à ce jour le père condamné pour crime commis sur la personne de son enfant, ou de complicité avec lui, que le père condamné deux fois pour excitation habituelle de mineurs à la débauche, restât investi de l'autorité sur ses enfants. On avait peine à croire qu'hier encore, le père con- damné pour excitation habituelle d'un de ses enfants à la débauche conservait cette puissance à l'égard de ses autres enfants.

Les documents manquent pour apprécier encore la mise en pratique de la loi. La circulaire du Garde des sceaux, dont nous avons parlé ci-dessus, recommande aux Parquets d'agir avec la plus grande circonspection. Dans les départements, il est rare que l'action du Ministère public soit mise en jeu, en dehors des cas où la loi l'exige formellement. Tant que les Conseils généraux n'avaient pas organisé le « service des en- fants moralement abandonnés, les effets de la loi ne pou- vaient être sensibles ; il est si difficile aux magistrats, s'ils ne sont pas secondés dans cette œuvre de bienfaisance par l'Assistance publique ou par les Sociétés charitables privées, de se livrer à des enquêtes, de s'introduire au sein des familles pour y recueillir les renseignements nécessaires sur la conduite des parents et les conditions dans lesquelles ils élèvent leurs enfants. L'expérience démontre le plus souvent que, dans les familles dont il s'agit, l'indignité ou l'indifférence des père et mère ne sont pas des cas isolés. Les enfants ne trouvent guère, dans la famille, la sollicitude et la protection qui leur manquent auprès de leurs ascendants. La famille, qui devrait prendre l'initiative d'une instance en déchéance, reste presque toujours indifférente, sinon complice, de l'abandon moral dont sont victimes des êtres malheureux voués à la misère ou au déshonneur. C'est tantôt un jeune enfant livré à lui-même par ses père et mère. Il travaille dans un atelier ; mais sa paresse et sa négligence l'en ont bientôt fait chasser. Au lieu de chercher une nouvelle place, il vagabonde, il court les rues, il noue des amitiés compromettantes et dangereuses. Ce n'est point encore le vagabond au sens légal du mot. Il a un domicile fixe. Les père et mère ne l'ont point encore mis à la porte de la maison. Il y aurait peut-être moyen de l'arrêter encore sur la pente d'une vie de paresse et d'inconduite qui le mènera fatalement devant les tribunaux correctionnels et devant les Cours d'assises. Il faudrait l'arracher à des parents indignes et lui créer une autre famille.

Ce sera une jeune fille dont la mère, retenue dans l'usine, ne pourra surveiller la conduite. Astreinte, elle aussi, à travailler loin de sa mère, obligée de passer les journées entières en dehors de la garde vigilante de celle-ci, livrée aux dangereuses promiscuités de l'atelier, résistera-t-elle aux entreprises de la séduction ? Et si, par la faiblesse naturelle de son sexe, par les promesses trompeuses des séducteurs, sa vertu vient à succomber, où s'arrêtera-t-elle dans sa chute, et cette jeune fille, honnête encore la veille, ne deviendra-t-elle pas la prostituée du lendemain ?

Pour pallier à ces dangers, pour arrêter la corruption de

l'enfance, il convient surtout de prendre des mesures préventives. Il faut que les administrations d'assistance publique, les associations de bienfaisance, les personnes charitables, qui, avant la loi du 24 juillet 1889, manquaient de l'arme légale indispensable pour entreprendre avec sécurité, et poursuivre avec fruit, l'éducation des enfants moralement abandonnés, aient à cœur de seconder l'œuvre du législateur, qui ne peut tout faire par elle-même. C'est à l'initiative privée qu'il appartient surtout de faire apprécier le caractère pratique et moralisateur de la loi Roussel (1). Déjà, dans presque tous les départements, sauf peut-être le Finistère et le Jura, a été institué le service des moralement abandonnés. Si j'en crois une statistique émanant du ministère de l'intérieur en date du 5 juin 1891, le nombre des enfants recueillis par les administrations départementales, à la suite de décisions prononçant la déchéance, s'élevait, au 31 décembre 1890, à 767. A la même époque, 633 enfants avaient été admis à l'assistance départementale, en conformité des articles 17 et 19, le département de la Seine non compris (2). C'est surtout dans le département de la Seine que le service des enfants moralement abandonnés fonctionne d'une manière régulière et efficace.

Dans sa séance du 16 décembre 1889, le Conseil général de la Seine a voté l'assimilation des enfants moralement abandonnés aux enfants assistés. Par suite de ce vote et conformément à l'article 25, la subvention de l'Etat se trouve portée au cinquième des dépenses tant extérieures

---

(1) A Paris, l'Union française pour le Sauvetage de l'Enfance recueille les enfants trouvés. Elle a été féconde en résultats. Elle compte parmi ses membres fondateurs, des hommes éminents, tels que MM. Jules Simon, Roussel, etc.

(2) Cette statistique est peut-être exagérée. Dans le département du Calvados, du mois d'avril au mois de juillet 1891, on n'a relevé que deux cas de déchéance (Rapport du docteur Barthez.)

qu'intérieures des deux services. Quant aux communes, elles auront à supporter obligatoirement le cinquième des dépenses extérieures pour les deux services.

Le nombre des pupilles du département de la Seine présents dans le service des moralement abandonnés s'élevait, au 31 décembre 1889, à 3.217.

Au 31 décembre 1890, le nombre s'était accru de 191.

Il y avait donc 3.408 enfants.

Les 3.408 enfants se divisent en deux catégories, savoir :

1° Moralement abandonnés, aux parents desquels il a été fait application de la loi du 24 juillet 1889 par les tribunaux, qui se répartissent ainsi :

Enfants dont la tutelle a été conférée à l'Assistance publique, par application de l'article 2.   16

Enfants dont la tutelle a été conférée à l'Assistance publique, par application de l'article 17.   16

Enfants dont la tutelle a été conférée à l'Assistance publique, par application de l'article 20   60

2° Moralement abandonnés, aux parents desquels il n'a pas été fait application de la loi du 24 juillet 1889.

Cette 2ᵉ catégorie se répartit de la manière suivante :

Enfants placés sous le patronage de l'Assistance publique par le Parquet, par la préfecture de police (vagabondage, vols à l'étalage, menus délits, incapacité de surveillance de la part des parents). . .   1.033

Enfants placés sous le patronage de l'Assistance publique par les parents eux-mêmes. 2.315

Parmi les enfants moralement abandonnés, aux parents desquels les tribunaux n'ont pas encore fait l'application de la loi du 24 juillet 1889 :

22 ont donné lieu à des instances encore pendantes devant les tribunaux, en vue de l'application de l'art. 17.

151 ont donné lieu à des instances, en vue de l'application de l'art. 20.

125 ont donné lieu, en vertu de l'art. 19, à des déclarations au commissaire de police, qui n'ont pas encore été suivies de la requête, par application de l'art. 20.

Soit 298 enfants qui ont donné lieu à un commencement d'instruction.

En dehors des jugements provoqués par l'Assistance publique, quatre jugements ont été récemment rendus, à la requête du ministère public prononçant la déchéance paternelle contre :

1° Un père à l'égard de ses deux filles (1re Chambre, 10 mars 1891) ;

2° Un père à l'égard de ses cinq filles (1re Chambre, 7 janvier 1891) ;

3° Une mère à l'égard de sa fille (9e Chambre, 19 mai 1891).

Il est à remarquer que les chiffres donnés ici s'appliquent à l'ensemble des enfants, tant ceux qui ont été admis avant 1889 que ceux qui ont été recueillis depuis. Mais si l'on considérait seulement les admissions faites depuis la promulgation de la loi et principalement du 1er janvier 1890 à ce jour, c'est-à-dire depuis que l'Administration a pu, par des rapports journaliers directs, joindre son action à celle du Parquet et de la Préfecture de police, pour soustraire efficacement les enfants égarés à des poursuites correctionnelles, on trouverait que la proportion des enfants pouvant donner lieu à l'application de la loi est de 62 pour 100 sur l'ensemble des admissions (1).

L'administration de l'Assistance publique de la Seine est fermement secondée dans son œuvre par le Parquet et la Préfecture de police. Elle a obtenu du Procureur général que dans tous les cas où la juridiction répressive est appelée à juger dans une poursuite principale pouvant donner lieu à la peine accessoire de la déchéance, et non seulement en cas de déchéance de plein droit, mais aussi de déchéance facultative, il ne soit pas omis de prononcer la déchéance dans le premier cas, et qu'il en soit toujours délibéré dans le second. A cet effet, une note du ministère public figurant au dossier indiquera à l'administration que la poursuite comporte l'application éventuelle de la loi de 1889.

Néanmoins, quand il s'agit de l'application de l'article 2,

---

(1) Rapport sur le service des enfants maltraités ou moralement abandonnés, année 1890.

§ 6, l'intervention de l'administration ne peut être qu'indirecte. Son rôle se borne à appeler l'attention du Parquet, car, en dehors de la famille, le législateur a voulu qu'une action en déchéance ne puisse émaner que du Parquet seul. L'ivrognerie habituelle, l'inconduite notoire et scandaleuse, les mauvais traitements qui compromettent, soit la santé, soit la sécurité, soit la moralité des enfants, laissent place à une large appréciation de la part des magistrats chargés d'appliquer la loi. Quand donc l'avenir des enfants sera-t-il compromis ? Il est difficile de découvrir les sévices ou l'exploitation dont sont victimes un certain nombre d'enfants. Non pas que l'on se désintéresse généralement des souffrances des enfants ; mais les témoins hésitent à signaler les faits qui se passent autour d'eux. Ils craignent à tort, sans doute, que leurs démarches ne soient prises pour une dénonciation. Ils craignent surtout d'être obligés de venir en déposer, si une action judiciaire est introduite. Et le Tribunal de la Seine hésite à faire aux parents l'application de l'article 2, § 6. C'est ce que constate, non sans quelque regret, le directeur de l'Assistance publique, dans son rapport au préfet de la Seine.

Chaque fois que l'enquête faite à la suite de l'admission d'un enfant m'a révélé l'inconduite notoire de ses parents ou les mauvais traitements dont il avait été victime, j'ai immédiatement dénoncé les faits au procureur de la République, le priant d'user des droits que lui confère l'article 3. Jusqu'à ce jour, dix-huit cas d'indignité lui ont été signalés et, à sa requête, le Tribunal a rendu huit jugements dont j'ai pensé qu'il était intéressant de vous donner la teneur intégrale, que vous trouverez aux annexes du présent rapport. Six jugements frappent les parents d'indignité et décident que les droits de la puissance paternelle seront exercés par l'Assistance publique. Deux jugements, au contraire, rejettent les conclusions du ministère public et maintiennent les parents dans l'exercice de leurs droits. Ces deux jugements, par leurs considérants, présentent un intérêt tout particulier : Dans l'un, la mère a subi de nombreuses condamnations pour mendicité, et son inconduite passée est notoire ; dans le second, le père comprend qu'il a mérité d'être déchu de la puissance paternelle et ne s'y oppose pas. Le Tribunal a passé outre.

Deux affaires m'ont paru suffisamment motivées et le ministère public n'a pas poursuivi. Enfin, huit affaires sont encore en instruction entre les mains du parquet (1).

Ces hésitations que signale M. le directeur de l'Assistance publique nous paraissent regrettables. Si l'on veut faire de la loi du 24 juillet 1889 une loi utile et pratique, il faut rompre avec des traditions d'un autre âge qui ne sont plus en harmonie avec l'état actuel de nos idées et de nos mœurs. Respect est dû à l'autorité paternelle, et c'est une loi sacrée de ne point porter atteinte aux droits de famille, soit ; mais au moins cette autorité doit-elle être respectable ! Au moins ne faut-il pas que ces droits dégénèrent en tyrannie. On ne saurait oublier qu'à côté de ces droits, il y a des devoirs que la nature impose, que l'affection doit inspirer. S'il y a des parents assez dénaturés pour étouffer tout sentiment de pitié et de tendresse, pour livrer leurs enfants à l'abandon ou à la misère, pour maltraiter leur personne physique, ou corrompre leur cœur, je voudrais que les tribunaux, gardiens de l'ordre social, frappent sans pitié de déchéance les parents notoirement indignes. Je voudrais qu'on vienne en aide, dans la mesure du possible, à tous les déshérités de notre cher pays ; à tous ces pauvres enfants qu'il faut soustraire aux dangereux ennemis qui les entourent ; à la paresse, qui conduit irrévocablement à la mendicité, à l'ivrognerie, compagne ordinaire de tous les vices ; à la débauche et à l'immoralité, cause de ruine et de malheurs. Je voudrais qu'on les délivre d'un milieu qui les perd ; qu'on les arrache enfin à la correctionnelle ou à la Cour d'assises. Ce serait contribuer à la sécurité nationale et à la grandeur de la patrie.

_____

(1) Rapport précité du directeur de l'Assistance publique.

Ce résultat sera-t-il atteint ? Il serait peut-être téméraire d'en douter, malgré les hésitations de la jurisprudence. Ces hésitations s'expliquent, en présence d'une loi qui n'est pas encore complètement entrée dans les mœurs. Il ne suffit pas, en effet, de prononcer une déchéance de droits contre des parents indignes, il faut aussi remettre l'enfant en des mains charitables qui suppléent à ce « qui lui manque chez ses père et mère ». Comme le signale M. Bourcart (1), c'est parce que l'organisation éducative n'est pas encore assez achevée en France, que la loi du 7 décembre 1874 a été si rarement appliquée jusqu'ici, aux enfants exploités par la mendicité. Espérons, toutefois, que grâce à l'Assistance publique et à l'initiative privée, grâce au concours de tous, on pourra mener à bonne fin cette grande œuvre de justice et d'humanité.

ESSAI DE LÉGISLATION COMPARÉE

Il serait à la fois trop long et trop fastidieux d'étudier séparément et successivement les diverses législations des pays étrangers. Notre étude sera plus modeste et plus intéressante. Nous esquisserons rapidement les caractères que présente la puissance paternelle chez les principaux peuples européens. Fidèle au programme que nous nous sommes tracé au début de cette thèse, nous comparerons les règles saillantes qui régissent les droits et les devoirs du père de famille sur la personne de ses enfants. Rattacher les points de détail à des idées générales, montrer les analogies et les différences qui séparent la législation française des législations étrangères, telle est, à notre avis, la meilleure méthode pour faire du droit comparé.

---

(1) M. Bourcart. Mémoire lu au Congrès des Sociétés savantes.

D'une manière générale, l'esprit libéral des législations modernes, et en cela nous avons été devancés par beaucoup d'entre elles, s'est nettement accusé dans le cours de ces dernières années. La puissance paternelle est moins un droit pour le père de famille qu'un devoir de protection. Au détriment même de ce qu'on est convenu d'appeler « la liberté des pères de famille », on a restreint de plus en plus les droits du père. Tout en respectant les relations d'obéissance et de soumission que la nature et l'affection ont créées entre les enfants et leurs ascendants, on a pensé qu'il fallait, dans l'intérêt de la société, mettre un terme aux abus de l'autorité paternelle et, ce qui valait mieux encore, avant de réprimer, prévenir les excès en surveillant et contrôlant l'exercice de cette autorité.

L'autorité paternelle est la base de la famille. Les enfants doivent à tout âge honneur et respect à leurs père et mère. Toutes les législations sans exception ont, sinon explicitement du moins implicitement, consacré ce principe : Belgique, Hollande, Russie, Autriche, Allemagne, Espagne, Italie, etc. L'autorité paternelle appartient au père et à la mère. Le père en a généralement seul l'exercice durant le mariage. En Autriche, le droit de correction peut être exercé concurremment par le père et par la mère. Les époux partagent également le droit de choisir l'état de leurs enfants. Le droit de consentir au mariage est, au contraire, le privilège du père; la mère n'est pas consultée (art. 139, 143, 144). En cas d'impossibilité du père, la puissance paternelle passe à la mère. Le Code civil des Pays-Bas le déclare même plus formellement que le Code civil français. Certains pays méconnaissent cependant les pouvoirs de la mère. A cet égard, les cantons suisses présentent de notables divergences. Tandis qu'à Fribourg, Berne, Neufchâtel, Constance, Soleure, la mère devient par le prédécès du mari de plein droit tutri-

ce naturelle et légale de ses enfants, d'autres cantons ont
maintenu l'exclusion formelle pour la mère survivante de la
tutelle de ses enfants. Tel le Code civil de Zurich, œuvre de
Bluntschli, entièrement refondu en 1887 par le Docteur
Schneider et traduit par M. Lehr. La loi du canton de
Vaud n'admet la veuve à exercer la tutelle que si son mari
l'y a appelée par testament, ou bien encore si, par son contrat
de mariage, il a été stipulé qu'elle exercerait après lui la tutelle. Le droit commun allemand refuse la puissance paternelle à la mère. Le mari qui prédécède peut même lui enlever
tout droit à l'éducation de ses enfants, et si elle se remarie
elle en est de plein droit déchue.

Toutefois, le droit commun allemand a conservé une disposition empruntée aux canons du Concile de Trente, d'a-
près laquelle la femme mariée peut, par son défaut de consentement, mettre obstacle au mariage de ses enfants. On lui
reconnaît encore, pendant le mariage, le droit de s'adresser
aux tribunaux pour faire statuer sur le mode d'éducation à
donner à ses enfants, s'il y a désaccord entre elle et son
mari (1). L'Angleterre, qui jusqu'à ces dernières années
avait attribué au père une autorité exclusive au détriment des
droits de la mère, vient de modifier sa législation sur ce
point. En vertu d'une loi en date du 25 juin 1886, la mère
survivante devient tutrice légale de ses enfants mineurs. On
va même jusqu'à lui accorder le droit de désigner un tuteur
testamentaire, qui administrera la personne et les biens de

---

(1) Le projet du code civil allemand appelle la mère à l'exercice de la puissance paternelle. Elle y est associée, pendant le mariage, pour le gouvernement
de la personne, sous réserve que l'avis du père l'emportera en cas de dissen-
timent. A la mort du père, la mère recueille la puissance paternelle. Il n'y a
plus lieu à ouverture de la tutelle par le prédécès de celui-ci, pas plus d'ailleurs
que par le prédécès de la mère, à la différence du droit français. (Bufnoir : le
droit de famille et le projet de Code civil pour l'empire d'Allemagne. *Bulletin
de la Société de législation comparée* en 1890.)

l'enfant mineur lorsque ses deux auteurs seront décédés, et
qui contrôlera les pouvoirs du père lorsque la mère seule
sera décédée. L'autorité paternelle se présente, en Angleterre, sous les traits d'une tutelle donnant au père le droit
absolu de diriger l'éducation de ses enfants, et le pouvoir de
leur infliger des châtiments modérés. A ce dernier point de
vue et en ce qui concerne les moyens de correction, la plupart des législations reconnaissent au père ou à la mère le
droit de faire détenir leurs enfants par mesure correctionnelle (1). Les conditions d'exercice de ce droit varient de
pays à pays. En France, c'est au Président du Tribunal qu'il
appartient de délivrer l'ordre d'arrestation. Suivant l'âge de
l'enfant c'est, tantôt un simple *exequatur* qu'il délivre, tantôt
il a la faculté de juger de l'utilité de la mesure sollicitée. Le
Code civil des Pays-Bas, qui nous a emprunté les dispositions des art. 375 et suivants, y a introduit une dérogation,
d'après laquelle c'est au Tribunal et non au Président que
l'incarcération doit être demandée, soit au-dessus soit au-
dessous de 16 ans. Le Code civil italien, dans son titre VII :
de la puissance paternelle, ne fait plus la distinction de notre
loi française entre la voie d'autorité et la voie de réquisition
accordée au père suivant que l'enfant est âgé de moins ou de
plus de 16 ans. Même au-dessous de cet âge, le magistrat a
le pouvoir d'accorder ou de refuser l'incarcération de l'enfant. D'après le Code espagnol de 1889, le père peut recourir
à l'autorité pour provoquer l'internement de ses enfants dans
les établissements d'instruction et dans les institutions léga-
lement autorisées à les recueillir. La durée de la détention
n'excédera pas un mois. Dans le droit prussien, le droit de
correction existe ; mais le père auquel il appartient ne doit

---

(1) En Norwège, en Angleterre et en Ecosse, la correction paternelle ne
s'exerce pas par voie de détention.

l'exercer qu'avec modération, *modicis virgis*, et il ne peut faire
détenir, par voie de correction, son enfant, qu'avec l'autorisation du ministre de la justice ou du Roi.

Les parents contractent ensemble l'obligation de nourrir,
entretenir et élever leurs enfants. L'étendue de cette obligation est mieux précisée dans certaines législations que dans
la nôtre. Le Code saxon et le Code espagnol imposent au
père de famille l'obligation de constituer une dot à ses enfants. Le Code espagnol n'impose cette dot qu'en faveur des
filles légitimes. Encore le père sera-t-il dispensé de la constituer si la fille s'est mariée sans son consentement. Dans le
droit prussien, le devoir d'entretien et d'éducation incombe
au père et à la mère suivant l'âge des enfants. Le père a le
droit d'exiger que l'enfant soit allaité par la mère, et la mère
a le droit d'élever son enfant jusqu'à l'âge de 4 ans. A cet
âge, la direction de l'enfant passe au père. Il choisit la religion dans laquelle il veut l'élever. L'époque de la puberté
venue, l'enfant a le droit d'en changer et d'en référer à un
Tribunal spécial, appelé Tribunal de tutelle, qui statue.

Le Code de Zurich déclare (art. 654) que les parents ont
le droit et le devoir d'élever leurs enfants. L'éducation comprend tout à la fois (art. 655) les soins corporels et le développement sain et normal de l'esprit et du cœur, notamment
la culture religieuse et morale, l'enseignement scolaire et la
préparation à une profession. Lorsque l'enfant a atteint l'âge
de discernement, il peut se prononcer en matière religieuse.
La législation russe veut que dans les mariages mixtes, si l'un
des époux appartient à la religion orthodoxe, les enfants
soient élevés dans cette religion. La législation polonaise
spécifie que les individus non chrétiens ne sauraient exercer
aucun des droits de puissance paternelle sur la personne
des chrétiens. Dans le royaume de Danemark, le père de
famille a pour mission d'élever ses enfants jusqu'à l'âge de

dix-huit ans, de surveiller leur santé, leur conduite, leurs mœurs, de les faire instruire jusqu'à quinze ans, et finalement de les mettre à même de gagner leur vie par un état honnête. Comme chez la plupart des peuples européens, l'instruction est gratuite et accessible à tous. L'enfant peut être élevé dans toute religion reconnue par l'État et qu'il plaira au père de lui faire enseigner. C'est, du reste, l'esprit général de toutes les législations que les parents ont le choix du genre d'éducation et d'établissement à donner à leurs enfants. Nous devons cependant signaler quelques exceptions à ce principe. Ç'est le Code de Zurich, par exemple, qui déclare que les parents doivent tenir compte des goûts et des aptitudes de leurs enfants pour le choix d'un établissement. C'est le Code saxon qui donne à l'enfant un recours contre ses parents qui voudraient lui imposer une profession contraire à ses goûts. C'est le Code italien qui autorise les enfants à remédier au défaut du consentement des parents du premier degré par le consentement du second degré. C'est enfin la loi russe qui a créé un Tribunal dénommé Conseil de conscience, pour juger des contestations s'élevant entre les parents et leurs enfants.

Au point de vue de la protection de l'enfance, les législations ont une tendance à réglementer le travail des enfants dans les manufactures. En Prusse, une loi générale votée par le Parlement de l'Allemagne du Nord sur les professions industrielles du 14 avril 1868 a fixé à 12 ans le minimum d'âge des enfants dans les manufactures. Elle a réglementé les heures de travail, interdit le travail de nuit, imposé la loi du repos du dimanche. « En Angleterre, depuis quelques années, au milieu du grand développement industriel, les actes législatifs se sont succédé rapidement pour réaliser en cette matière toutes les mesures protectrices qu'attendaient les intérêts si graves menacés par l'exploitation des usines et

des mines. Le législateur anglais n'a pas hésité à s'interpo-
ser entre le père et l'enfant pour limiter l'âge auquel celui-
ci pourrait être conduit à l'usine ; il a déterminé le temps de
travail qu'on pourrait lui demander chaque jour, selon qu'il
serait au-dessous de treize ans ou au-dessous de seize ans.
Il a assujetti les parents qui voudraient obtenir de l'enfant un
travail industriel à l'obligation de lui faire fréquenter l'école
et de lui faire observer la loi du dimanche (1).

Chez presque tous les peuples européens, la puissance
paternelle prend fin par suite de la majorité ou de l'émancipation. Très peu de législations lui ont conservé le caractère
perpétuel qu'elle avait en droit romain. Il faut néanmoins
citer parmi ces exceptions : le droit commun allemand (2),
la Russie. Elle ne cesse, dans l'empire russe, que lorsque la
fille se marie ou que les enfants entrent dans un service
public. En Autriche, elle prend bien fin à la majorité ; mais si
l'enfant, malgré sa majorité, est incapable, à cause de sa
faiblesse corporelle ou d'esprit, de veiller à son entretien ou
de diriger ses affaires ou si durant sa minorité il a fait des
dettes considérables ou commis des fautes graves, il peut y
avoir motif légitime de requérir en justice la continuation de
l'autorité paternelle (art. 173, Code de 1811). La majorité est
diversement fixée. Elle est de 24 ans en Autriche, de 23 en
Espagne, de 20 dans le Code de Zurich et de 21 comme chez
nous en Angleterre et en Italie. La majorité et l'émancipation ne sont pas les seules causes de l'extinction de la puissance paternelle. Si elle donne lieu à des abus, elle peut être
restreinte ou supprimée. L'autorité paternelle doit avoir des
limites. Elle sera soumise à un contrôle qui en réprimera les
écarts. Bien avant notre loi du 24 juillet 1889, les législations

---

(1) M. Pradines. *Bulletin de la Société de législation comparée*, p. 174, 1880.
(2) Dans le projet de Code civil allemand, la puissance paternelle finit à la
majorité.

européennes avaient mieux compris que le législateur français toutes les conséquences que devait entraîner le caractère
protecteur de l'autorité des parents. Magistrature domestique, elle subira la surveillance des tribunaux (1). Tantôt le
tribunal sera un tribunal de droit commun, tantôt un tribunal
spécial. Dans certains pays, cette mission de contrôle
sera confiée au Gouvernement.

Le Code civil italien, qui se rapproche beaucoup du Code
civil français, a mis à profit toutes les décisions que notre
jurisprudence française a rendues sur le contrôle de l'autorité
paternelle. Il nous a même dépassés dans l'application des
principes qu'il a posés et des mesures qu'il a prises pour sauvegarder les droits des enfants. La loi italienne autorise le
Président du Tribunal, sur la demande de la famille ou du
ministère public, à éloigner l'enfant de la famille, même en
cas de refus du père. Voici en quels termes est conçu l'article 221 du Code italien, qui a établi cette importante innovation : « L'enfant peut être éloigné par de justes motifs de
la maison paternelle. Le Président du Tribunal, sur la
demande des parents ou du ministère public, après informa-
tions prises, sans formalités judiciaires, y pourvoira de la
manière la plus commode par une ordonnance non motivée. »
M. Pradines signale une très intéressante application de cette

---

(1) La Belgique qui, jusqu'à ces dernières années, avait conservé le Code
français, sans l'amender, vient de suivre le mouvement. Le Gouvernement, par
l'organe du Ministre de la justice, a déposé le 10 août 1889, à la Chambre des
représentants, un projet pour la protection de l'enfance. Ce projet reproduit à
peu près les diverses dispositions de la loi française du 24 juillet 1889. La
déchéance est obligatoire ou facultative pour les Tribunaux. Le fait de deux
condamnations pour délit commis sur la personne de l'enfant, est un cas de
déchéance facultative, contrairement au § 3 de notre article premier. L'action en
déchéance n'appartient qu'au ministère public, ce protecteur naturel des mineurs
et des incapables (art. 5). L'enfant est confié (art. 10 du projet) à l'autorité
communale, qui veillera à le placer dans un établissement de charité ou d'instruction ou bien en apprentissage chez un cultivateur ou un artisan. Le projet admet,
à titre facultatif, la constitution de la tutelle ordinaire, établie par le Code civil.

disposition, faite le 2 août 1872 par la Cour d'appel de Paris, aux parents d'une jeune fille italienne que ses père et mère voulaient, pour la faire entrer dans un petit théâtre, enlever à des personnes honorables qui l'avaient recueillie. Est-il besoin d'ajouter que le Code italien autorise les parents ou le ministère public, lorsque les père et mère « abusent de l'autorité paternelle par la violation ou la négligence de leurs devoirs, à provoquer la nomination d'un tuteur à la personne de l'enfant ». Les tribunaux peuvent prendre telle mesure qu'ils jugeront convenable dans l'intérêt de l'enfant (article 233) (1).

La législation russe a prévu de nombreux cas d'incapacité et d'indignité des parents. En ces différentes hypothèses, l'exercice de la puissance paternelle passe aux mains de la mère ou d'un tuteur nommé par le conseil de famille si la mère est décédée ou indigne. Il en est ainsi lorsque le père est condamné à une peine afflictive et infamante, lorsqu'il est déporté en Sibérie, avec perte de tous les droits civils et politiques (Code pénal, art. 27), lorsqu'il a été reconnu coupable d'excitation à la débauche (art. 1588), d'abjuration de la religion orthodoxe et enfin lorsqu'il est convaincu d'un vice évident ou qu'il a manifesté par ses actes un caractère rude.

En Portugal, on reconnaît aux juges le droit de prononcer contre les parents condamnés pour abus de l'autorité paternelle comme peine accessoire et pour un temps limité la perte du droit d'administrer la personne de l'enfant. Plus rigoureux est encore le Code prussien. La puissance paternelle y prend fin de plein droit chez celui qui a été condamné à un emprisonnement excédant dix années ou qui a été déclaré prodigue ou qui a abandonné de propos délibéré ses enfants sans ressources ni surveillance. Le droit commun alle-

---

(1) Huc et Orsier, *Droit italien*.

mand a toujours admis que la puissance paternelle pouvait être supprimée, suspendue ou restreinte en cas d'indignité des parents.

S'inspirant du dernier état du droit romain, le Code autrichien énumère les cas suivants de déchéance : l'autorité paternelle s'éteint *ipso jure* si le père conclut un mariage incestueux, s'il expose son enfant, s'il livre sa fille à la prostitution. Est-il convaincu d'avoir abusé de ses droits, on l'oblige à émanciper son enfant. Souvent, l'abus dans l'exercice de l'un des droits de puissance paternelle réclame la déchéance unique de ce droit. L'autorité des parents sera donc sujette à des limitations. On leur enlèvera, par exemple, le droit d'éducation pour cause de manquement à leurs devoirs ou à raison de leur incapacité morale ou physique. Si l'enfant est négligé, maltraité, si on lui refuse l'entretien nécessaire, si on lui donne de mauvais exemples, une juridiction spéciale, le tribunal de tutelle, peut ordonner qu'il soit placé soit dans une maison d'éducation, soit dans une famille, qui présente plus de garantie et ce aux frais de son père. L'enfant peut demander lui-même la protection de la justice. A défaut de l'enfant, toute personne qui connaîtrait les faits dont il est victime a le droit d'en saisir la justice (art. 178). Le paragraphe 414, qui a pour titre : « des mauvais traitements des parents envers leurs enfants », édicte un certain nombre de dispositions particulières qui témoignent de la surveillance minutieuse à laquelle est soumis l'exercice de l'autorité paternelle. « En cas de mauvais traitements des parents envers leurs enfants, dit le § 414, les premiers doivent être cités en justice, et si pour la première fois il est prouvé qu'il y a eu de leur part abus de pouvoir et une dureté de cœur contraire à la nature dans leurs procédés, ils seront admonestés sévèrement. Pour la deuxième fois, il sera donné un avertissement aux parents, en y ajoutant la menace qu'en cas de nouveaux

mauvais traitements, ils seront déclarés déchus de leur pouvoir paternel, que l'enfant leur sera ôté et qu'il sera élevé
dans un autre endroit.»

Dans les législations du nord de l'Europe, en Norwège,
en Danemark, en Ecosse, en Angleterre, on retrouve, dit
M. Pradines, l'empreinte du vieux droit des Germains, la tradition du *mundium*. L'autorité paternelle s'y montre partout
avec le caractère marqué d'une institution de protection pour
l'enfance. Par cela même, elle s'y distingue peu de la tutelle
dont beaucoup de règles lui sont communes et, comme elle,
nous la trouvons placée sous la surveillance et l'activité des
pouvoirs publics. Ce n'est plus aux tribunaux, mais aux auto-
rités administratives, que la tutelle est confiée. Pas de règles
déterminées sur les cas d'indignité ou d'incapacité paternelle. C'est l'autorité tutélaire qui prend les mesures nécessaires pour remédier aux abus. Cette autorité appartient, dans
le Danemark, aux préfets, qui relèvent à cet égard du ministre de la justice. Ces fonctionnaires ont le droit de priver le
père de ses pouvoirs s'il en abuse et particulièrement du
droit de garde et de correction.

Dans le droit anglais, subsiste un ancien principe en vertu
duquel le lord chancelier, au nom du roi, chef de toutes les
familles, a la faculté de déléguer la puissance du père de
famille indigne à un étranger. Une loi du 26 août 1889, rendue dans le but d'enlever les enfants aux parents qui abusent
de leur faiblesse et de fortifier la répression à l'encontre des
délinquants, a réalisé un progrès considérable. Cette loi
donne dans l'article 5, à tout particulier, le droit d'en appeler
à la justice pour soustraire un enfant aux mauvais traitements
dont il serait l'objet de la part de ses parents : Si une personne ayant la charge ou la direction d'un enfant de moins de
14 ans s'il s'agit d'un garçon, de moins de 16 ans s'il s'agit
d'une fille, a été condamnée pour sévices tombant sous l'ap-

plication du présent *act*, ou a été obligée de fournir cau-
tion de s'abstenir de toute voie de fait à l'égard de cet enfant
(bound over to keep the peace towards such child), tout particulier peut faire comparaître ledit enfant devant la *petty ses-
sional Court*, et le Tribunal, s'il résulte de l'enquête qu'il y a
avantage pour l'enfant, a le droit de le soustraire à la garde de
la personne dont il s'agit et de le confier à une autre personne désignée, jusqu'à ce qu'il ait atteint 14 ou 16 ans
(art. 5, § 1ᵉʳ). Cette loi inflige une amende n'excédant pas
100 livres sterling ou, à défaut du paiement de cette amende,
permet aux Cours de prononcer un emprisonnement avec ou
sans travail pénible, pour une durée n'excédant pas deux ans
(article 1ᵉʳ). Elle s'applique à toute personne au-dessus de
16 ans qui, ayant la garde, la direction ou la charge d'un
enfant de moins de 14 ans s'il s'agit d'un garçon, de 16 ans
s'il s'agit d'une fille, le maltraite avec préméditation, le
délaisse, l'abandonne, est cause qu'il reçoit de mauvais traitements, qu'il est délaissé, abandonné, exposé ; de manière
à occasionner avec vraisemblance à cet enfant des souffrances
sans utilité et à porter atteinte à sa santé. La loi nouvelle établit aussi des dispositions pénales contre ceux qui exploitent
l'enfance. Elle reproduit à peu près les règles de la loi française du 7 décembre 1874 (1).

En Suisse, où, suivant l'expression de M. Lehr, le père a
bien moins une puissance paternelle qu'un droit de tutelle,
l'autorité paternelle et l'autorité tutélaire sont sous la surveillance du pouvoir exécutif. C'est le gouvernement cantonal

---

(1) Toute personne qui : *a)* force ou incite un enfant, au-dessous de l'âge indiqué
ci-dessus, à se tenir dans la rue pour demander et recevoir l'aumône ou pour
solliciter les dons, sous le prétexte de chanter, jouer, faire des tours, offrir
quelque chose à acheter ; *b)* force ou incite un enfant, au dessous de l'âge
indiqué ci-dessus, à se tenir entre 10 heures du soir et 5 heures du matin dans
une rue ou un local autorisé pour la vente des liqueurs enivrantes, en dehors
des locaux autorisés pour les spectacles publics, afin de chanter, jouer, faire des

qui intervient dans la famille pour en contrôler l'exercice et en réprimer les abus. La subrogé-tutelle n'existe pas dans beaucoup de cantons. L'autorité tutélaire s'exerce à deux degrés : la tutelle du second degré appartient en général à l'autorité supérieure, qui siège au chef-lieu et qui a le droit de changer et d'annuler les décisions de l'autorité du premier degré. Elle peut en outre prendre toutes mesures utiles et prononcer la déchéance du pouvoir paternel.

Cette revue rapide de quelques législations étrangères nous permet de donner à notre étude la conclusion suivante. La tendance des peuples modernes s'accentue de jour en jour, dans le sens de la diminution du pouvoir des père et mère. La Révolution avait changé la base de l'autorité. Le Code civil français avait posé des principes d'où l'évolution contemporaine a fait sortir toutes les conséquences aujourd'hui consacrées. Il est certain que dès le moment où la puissance paternelle ne fut plus environnée de cette auréole que lui donnaient le respect absolu et la soumission passive des enfants, dès le moment où il fut possible de discuter cette autorité, on avait battu en brèche une grande partie des droits de famille. A côté des droits du père, on invoqua les droits des enfants, non moins sacrés, non moins dignes d'intérêt que les premiers. Les réformes opérées, les modifications successives apportées au droit paraissent être plutôt le résultat d'un mouvement de l'opinion, qu'une création tactique du législateur.

---

tours moyennant rétribution, offrir quelque chose à acheter ; c) force ou incite un enfant, au-dessous de dix ans, à rester, quelle que soit l'heure, dans une rue, un local autorisé pour la vente des liqueurs enivrantes ou pour les spectacles publics, un cirque ou autre lieu où on est admis en payant, afin de chanter, jouer, faire des tours moyennant rétribution ou offrir quelque chose à acheter, peut, en vertu d'un jugement d'une Cour de juridiction sommaire, être condamnée à une amende n'excédant pas 25 livres sterling ou à défaut de paiement ou cumulativement à un emprisonnement avec ou sans travail pénible de trois mois au maximum (art. 2).

Et cependant, certains hommes considérables, écono-
mistes ou philosophes, comme MM. le Play et J. Simon, voudraient reconstituer la famille sur de nouvelles
bases plus solides et plus étendues. L'auteur de *la Femme au
vingtième siècle*, notamment, reproche aux législateurs d'avoir
sapé l'autorité paternelle, émancipé de bonne heure les
enfants, de les avoir rendus égaux entre eux et égaux à leurs
ascendants (1). Il considère la famille du XIXᵉ siècle comme
« atténuée, diminuée, et tendant à se dissoudre » (2).

Le moment est, semble-t-il, mal choisi pour reconstituer sur
des bases plus fortes l'autorité des parents. Nous l'avons vu,
l'esprit de notre loi française n'est point un esprit isolé.
L'Europe marche à grands pas dans la voie des réformes.
Les règles sévères qu'on avait longtemps considérées comme
immuables et intangibles ont été singulièrement émiettées.
Sous des régimes moins libéraux que le régime républicain,
chez des peuples qui ne sont pas encore aussi avancés que
nous dans la voie de la civilisation et du progrès on a placé,
entre le père et l'enfant, une autorité supérieure, à qui on a
donné mandat de surveiller et contrôler les actes du pouvoir
paternel.

En Allemagne, en Autriche, une juridiction spéciale, le
Tribunal des tutelles, règle les difficultés qui proviennent
d'abus dans l'exercice du droit du père. En Russie, un conseil de conscience juge spécialement les contestations qui
s'élèvent entre les enfants et leurs parents. Je ne parle point
de la législation suisse, qui attribue au Gouvernement cantonal la haute main dans la direction de la famille. On avait
bien créé en France, sous la Révolution, un Tribunal de
famille ; mais sous prétexte que l'on soulèverait des conflits
et des discussions au sein des familles, en réalité pour ne

---

(1) *La femme au XXᵉ siècle*, p. 8.
(2) *Id.*, p. 12.

pas entamer le prestige attaché à l'autorité paternelle qu'on ne voulait pas discuter, cette institution, qui serait peut-être aujourd'hui de nature à rendre de grands services à l'enfance maltraitée ou moralement abandonnée, n'a pas été rétablie et ne paraît pas devoir être à nouveau organisée. L'expérience montre cependant combien est insuffisant le contrôle des tribunaux. Pourquoi n'ajouterait-on pas au contrôle répressif des magistrats, cette surveillance plus directe, plus intime, et en même temps préventive, que l'on trouve dans les législations précitées ? On a adouci les moyens de correction ; l'Italie, qui nous avait emprunté nos dispositions, les a modifiées en un sens plus libéral et plus généreux. Pourquoi distinguer entre l'enfant qui a moins et celui qui a plus de 16 ans ? Pourquoi cette anomalie d'un enfant tout jeune livré au caprice d'un père méchant et dénaturé, sous prétexte qu'il est tout jeune et que sa jeunesse le rend incapable de provoquer la colère et la haine de ses parents ? C'est bien mal connaître la perversité des sentiments humains. Ne vaudrait-il pas mieux donner aux magistrats la faculté de juger en tous cas « le jugement du père ? » On s'est efforcé de protéger l'enfant victime d'abus d'autorité ou abandonné. Des lois nombreuses ont créé de multiples déchéances. En France, nous considérons la perte du pouvoir paternel comme une mesure très grave, susceptible de n'être prononcée par les tribunaux que dans les hypothèses expressément prévues par les textes. La procédure de la déchéance est assez compliquée. On a donné au Ministère public et aux parents d'un degré assez rapproché le droit d'intenter l'action en déchéance. En Angleterre, la loi du 26 août 1889 a fait de l'action en déchéance une action populaire. On a institué des bedeaux d'enfants qui ont pour mission de recueillir dans la rue les enfants qui font l'école buissonnière, et de les conduire dans une école industrielle. Il est vrai que chez nous l'Assistance

publique, les associations de bienfaisance qui recueillent un
enfant, peuvent, sous certaines conditions, provoquer devant
les tribunaux la déchéance de l'autorité paternelle ; mais
l'Assistance publique, les Associations charitables, seront-
elles le plus souvent informées des faits de mauvais traitement
ou d'abandon ? Les magistrats du ministère public n'ont-ils
pas un rôle trop chargé en matière civile pour pouvoir efficacement s'occuper de ce qui se passe dans les familles ? Et si
l'on admettait l'interprétation restrictive de la loi du 24 juillet
1889 ; si l'on pensait que les tribunaux n'ont qu'un droit :
« Employer le remède radical de la déchéance », s'ils n'é-
taient point autorisés à faire usage des moyens intermédiaires
et modérés, combien notre législation serait inférieure à celle
de certains pays étrangers !... Est-ce faire un reproche injuste
au législateur que de lui dire : « Pourquoi n'avez-vous pas
imité la loi hongroise de 1877 (1), qui prévoit le cas de suspension de la puissance paternelle ? le Code civil de Zurich,
qui permet à l'autorité tutélaire de prescrire le nécessaire et
spécialement de constituer une tutelle extraordinaire (art. 672-
683) ? le projet du Code civil allemand, qui consacre la sus-.
pension de l'autorité paternelle et la possibilité de mesures
particulières ? Ainsi seraient évitées les hésitations et les
incertitudes de la jurisprudence. Il ne s'agit point de rabaisser
l'autorité paternelle. Protéger l'enfant malheureux et victime,
l'arracher à des mains incapables ou indignes, c'est au contraire fortifier les droits légitimes et mérités qui restent encore
entre les mains des parents. C'est mettre une institution en
harmonie avec les mœurs des sociétés modernes. C'est en
même temps et surtout faire œuvre d'humanité et de philan-
thropie.

------

(1) Art. 23.

DU CARACTÈRE DE LA LOI DU 24 JUILLET 1889 EN DROIT
INTERNATIONAL

Envisager le caractère d'une loi au point de vue international, c'est rechercher comment et à qui elle s'applique.
Toutes les lois françaises s'appliquent évidemment à tous les
Français habitant le territoire ; mais ne s'appliquent-elles
qu'à eux ? *Quid* des étrangers en France ? *Quid* des Français
à l'étranger ? A cette question on a depuis longtemps répondu
par la distinction de deux catégories de loi : les lois territoriales et les lois personnelles. La loi du 24 juillet 1889 sera-
t-elle classée au nombre des premières ou au nombre des
dernières ?

L'intérêt général de la distinction est considérable.

Si elle est territoriale, elle ne s'appliquera que dans toute
l'étendue du territoire, mais elle régira indistinctement les
étrangers et les nationaux. Si elle est personnelle, elle ne
régira que les nationaux et les suivra en quelque lieu qu'ils
se trouvent. L'intérêt particulier du caractère de cette loi
ne saurait échapper au jurisconsulte et au praticien. Dans un
pays comme le nôtre, où l'hospitalité la plus libérale est
donnée aux étrangers, où, dans certaines villes, la classe ou-
vrière est formée pour un tiers d'éléments étrangers, comment
se désintéresser de la situation qui sera faite à leurs familles ?
Une loi qui a pour titre : *De la protection des enfants maltraités ou moralement abandonnés*, établie dans un intérêt social, protégera-t-elle les enfants d'étrangers comme les enfants
de Français ? D'autre part, placée en présence d'autres législations, notre législation sur la déchéance n'entraînera-t-elle
pas des conflits et quel sera le guide conducteur qui permettra
de les résoudre ?

D'une manière générale, la jurisprudence a rangé dans le

statut personnel les lois qui règlent les attributs et l'organisation du pouvoir paternel. Elle a néanmoins reconnu, à certains d'entre eux, le caractère d'ordre public. C'est ainsi que
les tribunaux ont condamné des parents étrangers à pourvoir
à l'entretien de leurs enfants ; c'est ainsi qu'on a accordé à
ces mêmes parents les droits de garde et de correction,
dans les limites tracées par la loi française. On a restreint
l'autorité paternelle entre les mains des parents étrangers,
considérés comme indignes. Enfin le mineur étranger délaissé a été pourvu d'un tuteur, conformément aux dispositions de nos lois. L'esprit de la pratique tend à protéger le
mineur étranger contre l'abandon dont il serait l'objet de la
part de ses parents étrangers. Le protégera-t-on contre les
mauvais traitements dont il est victime, par application des
règles de la nouvelle législation ?

Un père de famille étranger est frappé en France de l'une
des condamnations prévues par les articles 1 et 2 de la loi du
24 juillet 1889. Sera-t-il déchu de ses droits de puissance paternelle ? L'affirmative ne nous paraît pas douteuse. Elle est
doublement motivée par le principe posé en l'article 3, § 1 du
Code civil, et par le caractère spécial de la loi du 24 juillet
1889. Les lois de police et de sûreté obligent tous ceux qui
habitent le territoire. On étend indifféremment aux étrangers
et aux nationaux l'application des lois pénales et des peines
accessoires des condamnations criminelles. Une loi telle
que la nôtre doit rentrer dans le cadre des lois de police et
de sûreté. L'ordre public commande impérieusement l'application à tous de règles établies pour tous. L'Etat ne peut pas
voir avec indifférence, d'un côté, une catégorie d'enfants
protégés contre les excès et les brutalités de leurs parents ;
de l'autre, des enfants livrés sans secours à ces mêmes excès et
à ces mêmes brutalités, par cela seul qu'ils n'appartiennent pas
à la famille française. Cette inégalité de traitement entre les

nationaux et les étrangers, parfaitement admissible sur le terrain politique ou économique, serait choquante et inhumaine sur le terrain de la protection sociale, dans un pays où l'on a l'habitude d'assurer aux étrangers la protection de leurs droits, de leur liberté et de leurs biens. Le juge prononcera donc la déchéance de la puissance paternelle, à l'encontre d'un père condamné par application des articles 1 et 2 de la loi du 24 juillet 1889. Cette déchéance sera complète. Elle doit avoir les caractères imposés par notre loi, et il importerait peu que la loi nationale du condamné autorisât une déchéance partielle. Quant aux mesures de protection que commande l'intérêt de l'enfant, se bornera-t-on à appliquer les dispositions des articles 9 et suivants, ou bien le statut personnel l'emportera-t-il, et devra-t-on organiser la tutelle conformément à la loi personnelle de l'enfant ? Nous venons de voir que les règles qui gouvernent l'organisation de la famille rentrent dans le statut personnel. D'ailleurs, l'ordre public national est satisfait, du moment où la puissance paternelle a été enlevée à un père indigne de l'exercer. Les tribunaux organiseront donc la tutelle conformément à la loi étrangère. Ce sera donner ainsi satisfaction, dans une certaine mesure, aux susceptibilités des familles étrangères. Si l'organisation de la tutelle était impossible, quelle qu'en fût la cause, ils renverraient les parties intéressées se pourvoir devant les juges étrangers. Au cas où la loi nationale de la famille de l'intéressé s'opposerait à tout système de déchéance, les tribunaux français ne pourraient que faire l'application de la loi française.

Applicable, en France, à toutes les familles étrangères, en vertu de son caractère d'ordre public, la loi de 1889 suivra-t-elle les Français en pays étranger ? Si on l'admet, on devra lui reconnaître le double caractère de la loi territoriale et de la loi personnelle.

« Le cumul de ces deux caractères différents sur une même loi, écrit M. Pillet, dans un récent article publié par le
Journal de droit international (1) est un phénomène curieux,
intéressant, mais pas du tout irrationnel, encore moins contradictoire. Les lois d'ordre public peuvent être réparties
en deux catégories, à notre point de vue. Il en est qui sont
faites en vue d'un pur intérêt social. Telles sont, par exemple, les lois politiques ou économiques ; évidemment, elles
poursuivent l'avantage de la société, mais on ne peut pas
dire qu'elles visent l'intérêt de certains individus plus que
l'intérêt de tous les autres.

» Celles-là sont exclusivement territoriales. Douées d'une
application générale, en deçà des frontières, elles manquent
totalement d'autorité au-delà. Il en est d'autres qui, ainsi
que la nôtre, ont pour objet direct et premier la garantie des
intérêts d'une personne, c'est-à-dire d'un individu se trou-
vant dans des conditions déterminées : époux, enfant, orphelin, etc. ; mais que le législateur a élevées au rang de lois
d'ordre public, en raison de l'importance et de la sainteté
des intérêts engagés. Telle est la loi qui prohibe la polyga-
mie, celle qui interdit le divorce là où il est interdit, la loi
générale qui défend de laisser sans protection les personnes
sans défense, telles sont toutes les lois qui présentent, en
même temps qu'un intérêt individuel bien déterminé, un caractère de nécessité sociale ».

Le caractère personnel de la loi de 1889 entraîne les conséquences suivantes :

Un Français condamné à l'étranger pour les crimes ou
délits énumérés aux articles 1 et 2 de la loi du 24 juillet 1889,
pourra être déchu de la puissance paternelle, alors même que
la loi du pays où il se trouverait ne prononcerait aucune

---

(1) *Journal de droit international privé*, année 1892, n° 1 et 2.

déchéance. Une action civile en déchéance sera même valablement intentée contre lui, en dehors de toute condamnation, si par son ivrognerie habituelle, son inconduite notoire
et scandaleuse, ou par de mauvais traitements, il a compromis soit la santé, soit la sécurité, soit la moralité de ses
enfants. De même, la déchéance dont un Français aura été
frappé en France, le suivra en pays étranger. « La loi qui l'a
condamné a action sur lui, et comme loi de police, et à raison de sa nationalité. C'est pour lui une loi personnelle, et
les restrictions qu'elle apporte à sa capacité, par le ministère
des tribunaux qui l'ont interprétée, doivent le suivre hors de
France, comme le ferait la loi qui fixe la majorité, et le jugement civil qui prononcerait son interdiction. Le statut personnel régit l'état et la capacité. Il importe peu que la capacité soit atteinte par une disposition législative ou par une
déclaration judiciaire (1). Que si la législation du lieu où un
père de famille condamné en France se serait fixé, considérait
la déchéance comme contraire à l'ordre public interne, et
admettait ce père de famille à exercer ses droits de puissance
paternelle, cette décision serait non avenue, aux regards de
la loi française, et les tribunaux français se refuseraient absolument à accorder l'*exequatur* à tout jugement étranger
qui contrarierait notre ordre public et dont on solliciterait
l'exécution dans notre pays; cette hypothèse se réalisera rarement aujourd'hui, car la théorie de la déchéance consacrée
par le législateur de 1889, rentre peu à peu dans les notions
générales d'ordre public international, et ne saurait contrarier l'ordre public interne d'un pays.

Ce qui est vrai des déchéances résultant pour le Français
d'un jugement français, ne l'est pas moins de celles qui résultent pour l'étranger d'un arrêt criminel rendu dans sa patrie. La
déchéance fait partie du statut personnel de l'étranger ; elle

---

(1) Weiss. *Traité de droit international privé.*

aura des effets extraterritoriaux ; et les tribunaux devront, en toute circonstance, considérer cet individu comme dessaisi de la puissance paternelle (M. Pillet).

Il en serait différemment si un étranger était condamné hors de son pays, par application de la loi du pays où il se trouverait. En pareil cas, nous n'attribuerions en France aucun effet à une condamnation prononcée en vertu des règles d'ordre public interne qui régissent un pays déterminé. Ces règles expirent où expire la souveraineté. Le père de famille ci-dessus visé aurait donc la faculté d'exercer, en France, les droits afférents à l'autorité paternelle, sous réserve d'une action en déchéance à intenter en France pour des faits passés à l'étranger. Il s'agirait, bien entendu, de l'exercice d'une action purement civile, et la difficulté pratique se résoudrait en une question de preuve ; on ne saurait tenir compte en France d'une condamnation infligée à l'étranger, à l'égard d'un individu qui n'appartient pas à la nation à la justice de laquelle il doit être frappé, en raison du principe de la territorialité des lois pénales.

C'est la logique de cette même idée qui ne nous permet pas d'accepter la conséquence tirée par M. Pillet, du caractère à la fois territorial et personnel de la loi du 24 juillet 1889, en ce qui concerne les Français condamnés à l'étranger pour l'une des infractions prévues aux articles 1 et 2.

Cette question se rattache à la théorie générale de l'effet en droit international, des jugements criminels qui entraînent des incapacités ou des déchéances. Une des condamnations ci-dessus visées, prononcée à l'étranger contre un Français, aura-t-elle pour conséquence d'emporter contre lui, en France, la déchéance de la puissance paternelle ? M. Pillet fait les distinctions suivantes : Si le juge étranger a, conformément aux principes du droit, appliqué au Français condamné sa loi personnelle, on poursuivra personnellement, en France, l'exécution du jugement. Le juge examinera si les formes voulues ont été remplies, si l'accusé a été défendu, etc., etc.; mais il ne doit point y avoir pour lui matière à révision. Il en serait de même lorsque la déchéance est facultative. Mieux que personne, le juge étranger est à même de trancher cette question. Si le juge étranger n'a prononcé aucune incapacité ou déchéance, les intéressés seront dans leur droit en introduisant une action principale en déchéance. Si la condamnation est de celles qui emportent nécessairement la déchéance, la seule production du jugement suffira à la faire prononcer. Si elle appartient à la catégorie visée en l'article 2, le juge français exercera son pouvoir d'appréciation sur l'opportunité de la mesure demandée. Enfin, si le Français s'est rendu coupable à l'étranger d'un fait considéré par la loi de 1889 comme pouvant entraîner la déchéance, de deux choses l'une : ou le fait sera délictueux, et le coupable sera poursuivi en France, si les conditions requises pour la poursuite d'un Français dans son pays pour une infraction commise à l'étranger, se trouvent réunies.

Si, au contraire, une poursuite criminelle est impossible, une action civile en déchéance sera intentée suivant les formes organisées par les articles 3 à 7 de la loi.

Nous ne partageons pas le sentiment de M. Pillet. L'idée émise par notre savant maître a le mérite de la nouveauté, de l'originalité; mais elle contrarie les principes uniformément admis dans la pratique actuelle. C'est peut-être l'opinion de l'avenir, et si nous avions un vœu à formuler, il ne nous déplairait point de souhaiter que les lois de protection comme la loi de 1889, inspirées par les devoirs rigoureux de l'humanité, s'étendent à tous ceux que peut atteindre la main du législateur qui la promulgue, même au delà des frontières. Nous croyons à la rigueur absolue du principe de la territorialité des peines principales et des incapacités accessoires qu'elles comportent. S'il est vrai que les dispositions de la loi pénale territoriale sont inspirées par l'intérêt général; s'il est vrai qu'elles sont d'ordre public international, et qu'elles atteignent, aussi bien que les nationaux, les étrangers qui les bravent, il ne l'est pas moins que ces dispositions reposent sur l'intérêt exclusif de la souveraineté territoriale et sont déterminées par elle. Punir, c'est faire acte de souveraineté, dit M. Trébutien (1). Ce droit expire où la souveraineté n'a plus d'empire. Nous ne distinguons pas entre les peines principales et les peines accessoires. Comme l'indignité comme l'incapacité de donner et de recevoir, la déchéance de l'autorité paternelle est une mesure de protection prise dans un intérêt local. C'est une peine contre celui qui a fait subir une lésion à la société locale, qui, en l'infligeant, se protège et ne se protège qu'elle-même. Elle ne saurait avoir d'effet au delà des limites où cette souveraineté s'exerce, *clauditur territorio,* parce qu'alors l'intérêt de l'Etat et son droit de défense s'évanouit (Merlin, *Rép.,* p. 1, art. 4, n° 5. Cass. 16 février 1842. Sirey, 1842, 474. Cass., 14 avril 1868. D. P. 1868. 1. 262).

On ne pourra donc en France, accorder l'*exequatur* à un jugement répressif étranger qui prononcerait une incapacité quelconque. On ne pourra, non plus, faire état d'une condamnation qui en France emporterait déchéance, pour infliger cette déchéance que le juge étranger n'aurait pas prononcée.

En vain, objecterait-on qu'il y aurait scandale à considérer comme *integri status,* un individu frappé à l'étranger d'une condamnation qui a été pour lui la source de déchéances. C'est au législateur national qu'il appartient d'effacer les rigoureuses conséquences du principe en édictant des

---

(1) *Droit criminel,* p. 118.

déchéances contre ceux qui ont été condamnés à l'étranger.
Et du reste, ne trouvons-nous pas, dans la législation actuelle,
le moyen d'y remédier. Et nous ne voyons, pour notre part,
aucune raison pour ne pas admettre les autres conclusions
de M. Pillet qui ne vont pas à l'encontre du principe de la
territorialité des peines. Pourquoi les intéressés n'introdui-
raient-ils pas en France une action civile en déchéance,
contre le Français condamné à l'étranger ? S'il y a eu condamnation, il est probable que les faits qui ont motivé la pénalité
correspondante aux § 1 à 4 des art. 1 et 2 de la loi de 1889,
rentrent aussi dans le cadre du § 6.

Un père qui aura maltraité ses enfants en pays étranger,
et compromis leur santé, leur vie et leur moralité, pourrait
être dessaisi en France des droits résultant de la puissance
paternelle. Ce ne serait point violer la règle : *non bis in idem*,
car la déchéance prononcée en pareil cas aurait plutôt le
caractère d'une mesure de protection réclamée par l'ordre
public, pour sauvegarder les intérêts de l'enfant qui seraient
gravement menacés par des actes qui, quoique passés à
l'étranger, risqueraient fort de se renouveler dans notre pays.
Mieux vaut prévenir ces nouveaux abus de pouvoir, que
d'avoir à les réprimer.

Nous n'avons certainement pas prévu toutes les difficultés
qui peuvent soulever des conflits de lois en matière de puissance paternelle. Nous croyons avoir suffisamment dessiné
le caractère de la loi du 24 juillet 1889, et cette esquisse doit
permettre de résoudre tous les problèmes qui naîtraient de
son application.

APPENDICE

ESSAI DE RÉFORMES DE LA LÉGISLATION ACTUELLE

En organisant la puissance paternelle, les rédacteurs du Code civil s'étaient montrés justement soucieux des graves intérêts qu'elle met en présence : l'intérêt de l'enfant, celui des parents, celui de la société. Leur œuvre, cependant imparfaite, a été améliorée par des lois postérieures. Entr'autres, la loi du 24 juillet 1889, que nous avons étudiée, a relevé le prestige de l'autorité paternelle, en la maintenant dans de justes limites de moralité et de dignité, sans lesquelles son exercice serait dangereux. La critique ne s'en est pas moins élevée contre ces améliorations apportées par le Code civil. Tantôt elle les trouvait injustifiées, tantôt elle les considérait comme insuffisantes.

Ceux qui ont reproché au Code civil d'avoir diminué l'autorité paternelle et préparé la destruction de la famille, se sont peut-être trop inspirés des principes de la loi romaine. Peut-être aussi, ont-ils oublié que les mœurs ont devancé la loi, et que si l'enfant a été affranchi du joug domestique, tel qu'il existait au sein de sociétés organisées d'une manière factice et arbitraire, ce n'est pas tant au législateur qu'il faut s'en prendre, qu'à notre état moral et social. Les sociétés se modifient, et sous l'influence de ces modifications, change aussi l'esprit de famille. Pour relever cet esprit de famille, qui tend à diminuer de jour en jour, on doit moins compter sur le législateur et sur les règles qu'il établit, que sur l'impulsion donnée aux mœurs par les pères de famille eux-mêmes. Les affections de famille ne se développeront jamais mieux que par l'éducation donnée au foyer domestique. Ne pas ménager les bons conseils, prodiguer surtout les bons exemples. Comme le disait un philosophe de l'antiquité : « Longum est iter per præcepta, breve et efficax per exempla. » Veiller avec un soin jaloux à l'éducation des enfants, cultiver leur esprit et leur cœur dans une mesure qui soit en rapport avec leur situation sociale, telle est la tâche qui incombe aux parents, tâche à laquelle ils doivent se consacrer, afin de rendre plus utile l'action du législateur.

Parmi les réformes proposées, les unes ont pour but de raffermir l'autorité paternelle, que l'on considère comme trop affaiblie ; les autres, tenant compte du mouvement des idées et des mœurs, s'inspirent avant tout de l'intérêt de l'enfant.

On a proposé de reculer jusqu'à 25 ans l'époque de la majorité. En cas de motifs graves, les tribunaux seraient autorisés, sur la demande des parents, à proroger la minorité de l'enfant. C'est ce qui se passe en Autriche, dans les trois hypothèses suivantes : 1° Fautes graves ; 2° faiblesse corporelle ou intellectuelle ; 3° l'enfant mineur a contracté de trop nombreuses dettes.

Je ne crois pas cette réforme réalisable. Ce serait faire un pas en arrière. La majorité de 21 ans, fixée par le Code, est tellement entrée dans nos mœurs, que donner aux tribunaux la faculté de la reculer prêterait trop et à la critique et à l'arbitraire. Aussi bien le but poursuivi est-il atteint en l'état actuel de nos lois. La loi permet de nommer un conseil judiciaire à l'enfant incapable ou prodigue. Si les tribunaux ne croient pas devoir procéder à cette nomination, c'est que les fautes commises par l'enfant ne seront pas d'un caractère suffisant de gravité pour autoriser une pareille mesure.

On a proposé encore d'étendre la liberté testamentaire du père de famille et la durée de l'usufruit légal. On sait que la quotité disponible varie suivant le nombre des enfants légitimes : la moitié, s'il n'y a qu'un enfant ; un tiers, s'il y en a deux ; un quart, s'il y en a trois, ou un plus grand nombre. On voudrait donner au père de famille, et ce, en tout cas, la liberté de disposer de la moitié de ses biens. Cette proposition est grave. Sous prétexte d'augmenter les droits du père de famille, c'est un remaniement de nos lois successorales que l'on demande. Une telle réforme serait frappée d'impopularité ; le principe de l'égalité des partages est une des plus précieuses conquêtes de la Révolution. L'opinion publique serait contraire à une proposition qui aurait pour effet de concentrer la propriété en quelques mains, et de rétablir le droit d'aînesse et les privilèges de notre ancien droit. Au lieu de la paix et de l'union, que l'égalité fait régner au sein des familles, ce serait aujourd'hui, alors que les habitudes et les idées se sont modifiées, la voie ouverte à la discorde et à la haine, conséquence fatale de l'inégalité. Notre libéralisme serait outré de voir dans une même famille des enfants vivre au milieu du luxe et des richesses, et d'autres livrés peut-être à la misère et à l'abandon. La nature a mis au cœur de l'homme une affection semblable pour ses enfants. La liberté du père de famille est assez large, avec les dispositions de l'article 913 du Code civil, et nous estimons qu'il ne serait ni juste, ni rationnel, de lui donner plus d'extension.

Autant nous repoussons avec énergie cette tentative de restauration de la liberté testamentaire, autant nous approuvons la critique qui a été faite sur la durée de la jouissance légale des père et mère. Dans notre législation française, à la différence d'un grand nombre de lois étrangères, les parents n'ont la jouissance des biens de leurs enfants que jus-

qu'à l'âge de dix-huit ans accomplis, où jusqu'à l'émancipation qui pourrait avoir lieu avant cet âge (384). On a tort, à
notre avis, de considérer l'usufruit des parents comme une
libéralité de la loi. Si c'est une libéralité, c'est, du moins,
une libéralité avec charges. Et cela ressort de l'article 385,
qui s'exprime en ces termes : « Les charges de cette jouissance seront : 1° celles auxquelles sont tenus les usufrui-
tiers ; 2° la nourriture, l'entretien et l'éducation des enfants
selon leur fortune; 3° le paiement des arrérages ou intérêts
des capitaux; 4° les frais funéraires et ceux de dernière maladie. Ce qui prouve bien que cet usufruit leur est accordé
en vue des principales obligations qui naissent du mariage,
et pour l'exécution de ces obligations. Pourquoi cette jouissance légale prend-elle fin, quand l'enfant est arrivé à l'âge
de dix-huit ans ? Est-ce que les charges auxquelles elle est
destinée, de par l'article 385, ne subsistent pas après cette
époque ? On dit bien que la loi a voulu ménager au mineur
la faculté de se créer des ressources, au moment où il va
atteindre sa majorité. C'est, je crois, faire une injure gratuite aux parents, que de supposer qu'ils ne seront pas les
premiers à assurer ces ressources par une bonne gestion des
intérêts de leurs enfants. Je conclus donc à la prorogation
de l'usufruit légal jusqu'à la majorité de l'enfant.

Nous venons de voir que la loi assimile l'usufruit légal à
un usufruit ordinaire. La conséquence, c'est que comme
tout usufruit il est cessible et saisissable. C'est l'opinion de
certains auteurs ; opinion non partagée par la jurisprudence,
qui, partant de ce principe que l'usufruit légal garantit l'exécution des obligations paternelles, déclare qu'il ne saurait
être saisi, ni aliéné et hypothéqué. C'est une jurisprudence
entièrement fixée, mais le texte fait défaut. Le législateur
pourrait, ce nous semble, intervenir, et trancher les difficultés par un texte formel.

Ce défaut de précision, qui manque aux articles 384 et suivants, manque davantage encore à l'article 389. A cet égard, le Code est notoirement insuffisant; un seul article règlemente la matière. Aucune solution sur les nombreuses questions controversées qui se présentent à l'examen du jurisconsulte. Quelle est la nature et le caractère du droit d'administration légale. L'enfant a-t-il une hypothèque légale sur les biens de son père ? Doit-on procéder à la nomination d'un subrogé-tuteur ? Pour les actes qui ne sont pas de simples actes d'administration, faut-il l'autorisation du Tribunal ? Doit-on même convoquer, en certains cas, le conseil de famille ? Tout autant de questions, que nous ne faisons qu'indiquer, sur lesquelles la doctrine et la jurisprudence ont émis les opinions les plus diverses. Il est temps d'introduire un peu d'ordre dans ce chaos, écrit M. Henri Pascaud, conseiller à la Cour d'appel de Chambéry, dans un mémoire lu au congrès des Sociétés savantes.

La loi devra donc édicter qu'à l'avenir les parents ne pourront aliéner ni hypothéquer les biens de leurs enfants mineurs sans l'autorisation du Tribunal; qu'ils devront également se faire autoriser par la justice à contracter des emprunts au nom de ceux-ci, pour accepter ou répudier une succession, pour intenter une action, et donner un acquiescement ou un désistement concernant les droits immobiliers de l'enfant, pour provoquer un partage, transiger et compromettre. Les père et mère devront être tenus de faire inventaire, et leurs comptes de gestion seront soumis aux règles applicables aux administrateurs ordinaires. Ils auront la libre disposition des revenus; ils ne seront pas de plein droit débiteurs des intérêts des sommes qu'ils auront encaissées; l'autorisation du Tribunal suffira pour les habiliter à certains actes qui ne rentrent pas dans leurs pouvoirs d'administrateurs, et on n'aura jamais recours à l'intervention toujours lente et compliquée d'un conseil de famille. Cette dernière procédure sera exclusivement appliquée à la tutelle (1).

Dans l'intérêt de l'enfant légitime, deux autres réformes s'imposent, pour remédier aux inconvénients qui résultent du droit de correction et de l'obligation imposée à l'enfant qui a dépassé la majorité légale ordinaire de recourir à des actes respectueux. Lorsque l'enfant s'est rendu coupable de manquements graves, la loi permet aux parents de recourir à la puissance publique pour faire procéder à l'arrestation et à la détention de l'enfant. Deux voies sont ouvertes au père : il peut faire détenir ses enfants par voie d'autorité ou par voie de réquisition.

Si l'enfant est âgé de moins de seize ans, s'il n'a ni état, ni biens personnels, et si le père n'est pas remarié, il s'adresse au président du Tribunal, qui doit, sur sa demande, délivrer l'ordre d'arrestation. Le président ne peut, ni juger la décision du père, ni en apprécier les griefs, ni abréger la durée de la détention sollicitée par lui, dans les limites fixées par la loi. Si l'enfant a plus de seize ans, s'il a un état ou des biens personnels, ou bien si le père est remarié, le président du Tribunal juge le jugement du père ; il peut refuser l'ordre d'arrestation, ou abréger la durée de la détention requise par le père. C'est à bon droit qu'on a critiqué la loi française d'avoir établi dans l'emploi des moyens de correction une différence suivant l'âge ou la situation particulière de l'enfant. Même au-dessous de seize ans, le caractère dictatorial et sans contrôle de l'autorité paternelle est de nature à trop sacrifier les droits de l'enfant à l'omnipotence paternelle. La colère et la vengeance sont toujours de mauvaises conseil-

---

(1) *Revue générale du droit, de la législation et de la jurisprudence.* Septembre-octobre 1892, page 405.

lères. Le Code civil italien a réalisé ce progrès, qu'il serait bon de suivre, et on devrait décider, qu'en tout cas, la voie de réquisition sera seule ouverte au père.

On devra également modifier, dans une certaine mesure, les règles relatives aux actes respectueux que les fils de vingt-cinq à trente ans et les filles de vingt-un à vingt-cinq ans sont tenus d'adresser à leurs parents avant mariage. La loi actuelle exige trois actes respectueux, notifiés de mois en mois, avant trente ans pour les fils, et vingt-cinq ans pour les filles. Passé cet âge, elle n'en exige qu'un. L'expérience démontre que ces actes dits respectueux n'aboutissent très souvent qu'à irriter les parents contre leurs enfants. Ils sont inutiles, puisque après l'accomplissement de ces formalités, l'enfant peut passer outre. Arrivés à l'âge de la majorité légale ordinaire, les enfants ont atteint un état de maturité d'esprit suffisant pour se guider eux-mêmes dans le choix d'un établissement matrimonial. Aussi bien ce formalisme outré peut-il avoir pour conséquence d'empêcher un établissement excellent pour le fils ou pour la fille, sans jamais faire obstacle à une mésalliance.

L'opposition accordée aux parents suffit, d'ailleurs, pour leur permettre d'exercer une salutaire influence sur les résolutions de leurs enfants. Tout au plus, pourrait-on maintenir l'obligation d'un acte respectueux unique de vingt-un à vingt-cinq ans pour les filles, et de vingt-un à trente ans pour les fils.

Toutes ces réformes ont été depuis longtemps demandées. Celles qui ont pour but un accroissement d'autorité chez les parents, sont opposées au mouvement actuel des idées et des mœurs. Espérons que celles qui concilient à la fois le respect et l'autorité des père et mère avec les droits de l'enfant et l'intérêt social seront bientôt consacrées par le législateur.

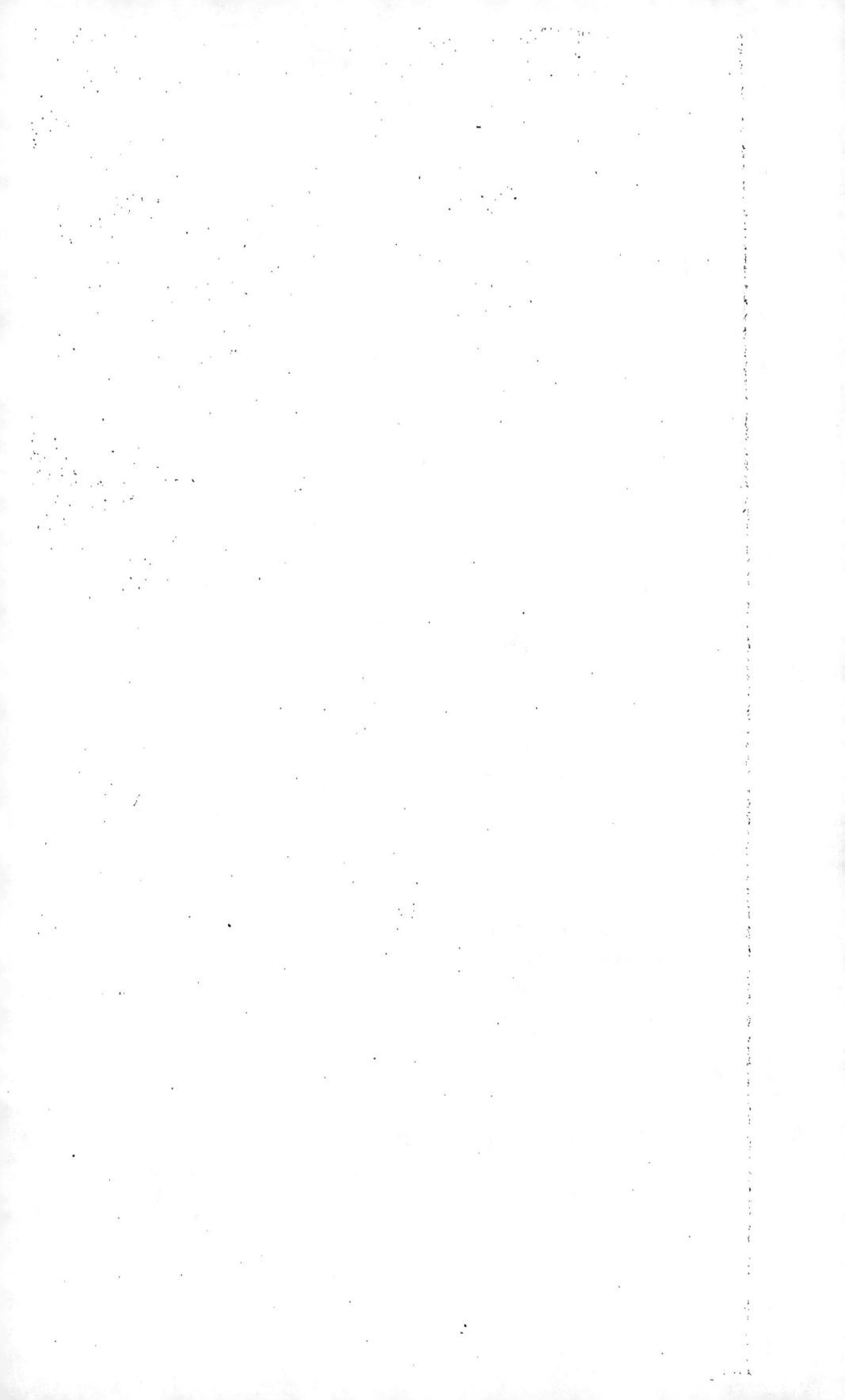

POSITIONS

DROIT CIVIL

I

L'héritier administrateur qui a payé de ses deniers personnels une dette héréditaire, ne peut se rembourser par voie de prélèvement.

II

La femme mariée sous le régime dotal, avec société d'acquêts, ne peut renoncer à son hypothèque légale, en tant qu'elle porte sur les immeubles de la société d'acquêts.

III

La disposition testamentaire qui impose à un légataire d'affecter les biens transmis à une fondation, n'est pas un legs fait aux bénéficiaires éventuels, mais seulement une charge imposée au légataire institué.

IV

Les créanciers personnels des héritiers ont qualité soit pour requérir l'apposition des scellés sur les biens de la succession, soit pour former opposition à la levée des scellés ; mais leur opposition ne leur donne pas le droit d'assister en personne à la première vacation de la levée des scellés, ni de se faire représenter par un mandataire aux vacations suivantes.

DROIT ROMAIN

I

L'action *fiduciæ* ne doit son origine ni à un texte spécial de la loi des XII Tables, ni à l'application du principe général validant les pactes adjoints à une dation. Elle a d'abord été délictuelle, ou peut-être a remplacé une action qui avait ce caractère.

II

Le contrat *litteris* n'a pas pour but de créer une obligation nouvelle, mais de transformer une obligation préexistante, sans emporter novation.

III

La *sponsio* n'est point un dérivé du *nexum*, mais un acte religieux consistant en un serment prêté sur l'autel d'Hercule.

IV

La loi des XII Tables établit une conception nouvelle du droit à Rome. C'est moins une loi, au sens moderne du mot, qu'un acte constitutionnel destiné à fixer d'une manière uniforme les droits des citoyens.

DROIT CRIMINEL

La disposition de l'art. 1er de la loi du 26 mars 1891 (loi Bérenger), autorisant le juge à suspendre dans certaines conditions l'exécution des peines qu'il prononce, est applicable aux tribunaux militaires pour les délits autres que ceux punis par les lois militaires.

DROIT ADMINISTRATIF

Les personnes qui exercent des professions dites libérales peuvent former des syndicats professionnels, en conformité de la loi du 21 mars 1884.

DROIT COMMERCIAL

Le jugement déclaratif de liquidation judiciaire entraîne, comme le jugement déclaratif de faillite, l'application des articles 446 à 449 du Code de commerce.

DROIT INTERNATIONAL PRIVÉ

Le texte de l'article 3 du Code civil n'oblige pas l'interprète à admettre la théorie des statuts.

Vu : le Président de la thèse,
J. CHARMONT.

Vu : le Doyen,
VIGIÉ.

Vu et permis d'imprimer :

Le Recteur de l'Académie,
J. GÉRARD.

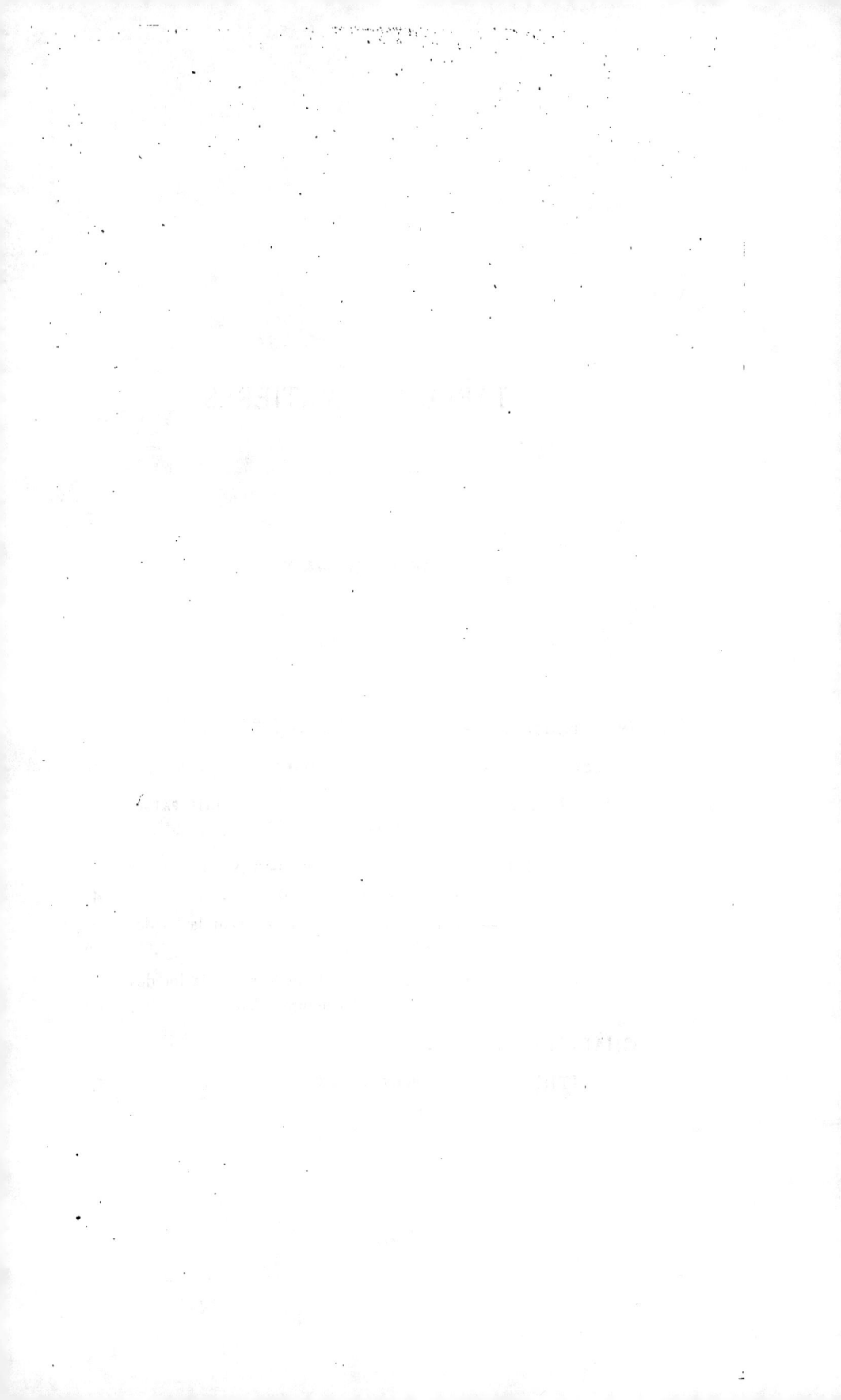

TABLE DES MATIÈRES

DROIT ROMAIN

DROIT FRANÇAIS

.

www.ingramcontent.com/pod-product-compliance
Lightning Source LLC
Chambersburg PA
CBHW070537200326
41519CB00013B/3066